巴巴羅沙行動

一九四一年德軍入侵蘇聯

Images of Barbarossa

The German Invasion of Russia, 1941

克里斯多福‧艾爾斯比（Christopher Ailsby）◎著

陳涵◎譯

軍事連線
Military Link

目錄

前言

對於希特勒和他的納粹黨來說，與蘇聯的衝突是不可避免的，這不僅是因為蘇聯占據
著希特勒覬覦已久的「生存空間」，還因為共產主義是國家社會主義的對立面。

國家社會主義的德國與蘇聯之間的戰爭不可避免。自從二十世紀二十年代初作為極端主義者走上政治舞臺起，希特勒就存在著「來自蘇聯的猶太人—布爾什維克陰謀」這樣一種意識。此外，在早期的納粹主義，希特勒還向東尋找德國的生存空間。他在《我的奮鬥》一書中寫道：「如果我們今天提到歐洲的新土地，我們主要所指的只能是俄羅斯及其周圍的加盟國家。」

對蘇聯的進攻，直接來源於國家社會主義的三個因素：反共產主義、空間以及競爭。如果不是以一般的戰略和軍事角度來看待，而以希特勒自身意識形態對這種概念的認識，中立的觀察者就更容易理解德國與蘇聯的戰爭。希特勒及其納粹黨對斯拉夫民族全抱有歧視。希特勒把他們與猶太人一同歸類為

↓1939年9月波蘭戰役期間，德國的獨裁者希特勒與德國陸軍部參謀長哈爾德將軍握手。哈爾德是一名接受傳統普魯士學校教育的軍官，納粹政權在許多方面，讓他很痛恨。

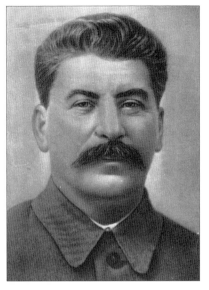

←希特勒相信種族的思想與空間概念有解不開的聯繫，因為一個民族的偉業依賴於足夠的生存空間。他認為東歐，特別是波蘭和蘇聯的西部可以為德國人提供足夠的生存空間。

←蘇聯的獨裁者史達林沒有認知到納粹德國的威脅是不正確的。但是在沒有盟國的情況下，他很難與希特勒對抗。英國和法國對德國1938年吞併捷克斯洛伐克的無動於衷，讓史達林相信英法在必要時也會犧牲蘇聯。

「劣等民族」，因此對待布爾什維克主義及猶太復國主義的態度也一樣。他說：「斯拉夫人是寄生蟲和下等人，只能用來伺候亞利安人。」

　　希特勒在東線的使命感主導他在戰爭期間的全盤戰略。為確保勝利，他於一九三九年八月二十三日與蘇聯簽署了互不侵犯條約。按條約，蘇聯在德國入侵波蘭之後占領了波蘭東部和波羅的海國家，而德國則占領波蘭西部。其實希特勒一九三九年九月一日進攻波蘭是其東線進攻的第一步。

　　東線的安全保證符合希特勒的利益，使德軍在一九四〇年進攻斯堪地那維亞（Scandinavia）、荷蘭和法國時後方安全無憂。在一九四〇年六月，當德國人專注於西歐戰事時，蘇聯獨裁者史達林也開始進攻。蘇聯紅軍占領了三個波羅的海國家（立陶宛、拉脫維亞和愛沙尼

亞）以及羅馬尼亞東部的比薩拉比亞省（Bessarabia）。所有這一切都是按照蘇德互不侵犯條約進行的，希特勒讓蘇聯形成了一定的勢力範圍。但希特勒把這一條約看作是戰略計畫中的權宜之計，這一點他對自己手下的將軍們從未掩飾過。希特勒曾洋洋得意地對自己的心腹說：「與俄羅斯的條約只是為了拖延時間。我們將擊垮蘇聯。」他在一九三九年十一月時建議他手下的指揮官說：「我們只有從西線戰事解放出來之後才能進攻蘇聯。俄羅斯現在對我們不構成威脅。」西線的勝利給了希特勒行動的自由，他要求把重點轉移到東線來。

英國的問題

　　種族和意識形態問題只是希特勒思想的一部分。他進攻蘇聯的原因還包括英國。希特勒相信英國盼望蘇聯的介入。他說：「俄羅斯是

←20世紀30年代納粹黨的大規模集會。納粹意識形態的一個主要內容是：蘇聯的一些地區適合德國的殖民活動。另一項內容是：蘇聯是「猶太人－布爾什維克陰謀」的中心，也是德國許多問題產生的根源。

英國在大陸上的一把劍。」他認為一旦俄國被打敗，英國就會投降。

由於擔心會像第一次世界大戰出現兩線作戰，德國陸軍司令瓦爾特·馮·布勞希奇元帥（Walther von Brauchitsch）和陸軍參謀長哈爾德將軍（Halder）對進攻蘇聯提出了質疑。他們的觀點沒有引起重視。希特勒決定：只要天氣情況允許，就立刻對蘇聯發動進攻。僅在占領法國後的一個月，一九四〇年七月二十一日，希特勒命令他的軍方領導人作好進攻蘇聯的準備。戰爭最晚將在第二年的春天爆發。

他列舉了二個進攻俄羅斯的迫切理由。第一，俄羅斯有發起對

→1938年4月希特勒生日，德軍裝甲部隊在柏林閱兵。1939年的波蘭戰役、1940年的荷蘭和法國、1941年的蘇聯，證明了德軍為保證勝利，需要有侵略性和自信心的裝甲部隊指揮官以及高品質戰車的充足供應。

德戰爭的風險。史達林已採取進攻性的行動破壞了蘇德條約一蘇聯已占領條約中應屬德國的立陶宛一帶，並向羅馬尼亞北布科維納（Northern Bukovina）進發。第二，德國鎳礦的主要來源國芬蘭也遭到蘇聯的攻擊。

制定進攻蘇聯的計畫本身十分困難，因為風險很大，且德國的軍事指揮結構重疊嚴重。在一九三八年，希特勒免去了德國主要將軍的職務，並把自己任命為德軍的總司令。他接著組建了自己的軍事參謀機構德軍最高統帥部（Organization of the Supreme Command of the German Armed Forces德文簡寫為OKW），但很

快就與德國陸軍最高司令部（High Command of the German Army德文簡寫OKH）發生衝突。

這兩個機構有許多共同的特點，它們都於一九四〇年下半年開始計畫進攻蘇聯。並且都建議使用在波蘭和法國取得巨大成功的閃擊戰術。這一戰術的特點是：以極快速度對敵人指揮與通信系統發起無情的攻擊；集結大量兵力，特別是裝甲部隊，攻擊突破敵人的戰線，這就有可能包圍和殲滅敵人。快速的裝甲部隊突擊，將使部署在俄羅斯西部的蘇聯軍隊無法撤回相對安全的東部。德國預定只占領蘇聯西部。德軍將在越過一九三九年邊境約一千九百二十

↑德國黨衛軍領袖希姆萊（右二）。在希特勒第21號訓令的附錄指令中，他寫道：「特別任務……來源於最終解決兩個對立政治體系衝突的必然性。」這包括除掉共產主義官員，人民委員，猶太人及其他「極端主義分子」。

↑希特勒從不掩飾被征
服的斯拉夫人在第三帝
國中的作用：「我們的
指導方針是這些人只有
一個存在的理由，即在
經濟上為我們服務……
任何有同情當地人言論
的人……直接送進集中
營。」

公里（一千二百英里）後停止進攻，界線從白海附近的阿爾漢格爾（Archangel）到裡海附近的阿斯特拉罕（Astrakhan）。在這條界線以東是德國稱為「不毛之地」的廣闊亞洲大陸。

德軍最高統帥部和德國陸軍最高司令部在戰役的戰略執行上有分歧。希特勒把這一分歧視為他與陸軍總司令哈爾德的爭吵。希特勒偏好德軍最高統帥部提交的沿線展開三路進攻的方案。北方的集團軍將從波的海向列寧格勒發起進攻，南方的集團軍將從烏克蘭向基輔進攻，之後繼續向東推進。中部的集團軍將進攻白俄羅斯（Belorussia）這個通向莫斯科道路上的加盟共和國。

由於這一些原因，希特勒鍾情於兩翼進攻的方案，他認為這是一次機會。北部的進攻將確保波羅的海重要港口的安全，並占領重要的經濟中心列寧格勒，這個希特勒所憎恨的布爾什維克主義的思想搖籃。南部的進攻將占領位於蘇聯的穀物產區烏克蘭及當地的頓內次（Donets Basin）煤田。而成功的兩翼進攻還可以掩護向蘇聯首都的進軍。希特勒對他的將軍們說：「占領莫斯科並不是十分重要。」畢竟，一八一三年拿破崙的軍隊是在莫斯科被擊敗。希特勒說：「只有沉浸在過去幾個世紀舊思想中完全僵化的腦袋，才會認為占領首都有價值。」因此，莫斯科在希特勒的腦中只處於次要的地位，而哈爾

德將軍卻把它作為了戰略的中心。

五十六歲的哈爾德在普魯士總參謀部工作多年，他舉止和外表都非常專業，有著冷靜的頭腦和狐狸般狡猾的計謀。他一直把持著陸軍的特權，甚至不惜與希特勒對峙。哈爾德授權至少進行了三次進攻蘇聯的可行性研究。從這些研究中他得出結論：莫斯科必須是德國進攻蘇聯的首要目標。

布勞希奇元帥和哈爾德兩人都主張：占領莫斯科不僅可以使蘇聯失去通信中心，還摧毀了蘇聯的軍備和政府中心。他們二人的結論是：失去首都的嚴重威脅，會迫使蘇聯紅軍部署軍隊保衛莫斯科。這就使德國有機會包圍並殲滅紅軍。

一九四〇年十二月十八日，希特勒簽署了絕密的第二十一號元首訓令，其中就包含了德國進攻蘇聯的最終計畫。這份文件確定了下一年五月發起進攻的整體戰役目標，訓令中寫道：

「先鋒裝甲部隊將發起大膽的縱深突穿行動，並最終擊垮蘇聯駐紮在俄羅斯西部的大批部隊。仍有能力發起戰鬥的俄軍將因受阻而無法撤回至俄腹地。敵人將被緊緊追趕，戰線將推進至俄空軍無法攻擊德國領土的地方。行動的最終目標是在伏爾加河（Volga）至阿爾漢格爾一線建立起阻止俄軍從亞洲發起攻擊的屏障。俄羅斯在烏拉爾（Ural）地區倖存的最後工業區在必要時可以由德國空軍摧毀。」

這個冒險的行動原代號為奧圖和弗里茨，這個的行動代號並無特

別意義，因此德國計畫用一個具有歷史意義的代號來命名這一行動。納粹的最高司令建議為這場占領東線的軍事進攻取名「巴巴羅沙」。這一代號是希特勒取自德國歷史上一位英雄人物的暱稱，即綽號紅鬍子的腓特烈一世（Frederic）。他成功地擊敗了斯拉夫人，並在十二世紀末帶領騎兵向聖地（今巴勒斯坦）的異教徒發起進攻，最後光榮地死去。

↑從1938年2月4日到1941年12月19日，布勞希奇元帥（中）任德國陸軍總司令。雖然他勇敢且能力非凡，但缺少制衡希特勒的人格勇氣。而他的妻子被形容為「百分之二百的國家社會主義者」。

←蘇聯外交人民委員莫洛托夫（右）與史達林。莫洛托夫1939年8月24日與納粹的外交部長李賓特洛甫完成了蘇德互不侵犯條約。這一暫時的權宜之計解決了德國與蘇聯在東歐的勢力範圍。

芬蘭灣　　愛沙尼亞　　　　　　拉多加湖

列寧格勒

0　　　　　200里

0　　　　　300公里

佩普西湖　　諾夫哥羅

波羅的海　拉脫維亞　普斯柯夫

里加　　　　狄米揚斯克

立陶宛

加里寧

德文斯克

東普魯士　　維爾紐斯　　維切布斯克　　　■莫斯科

畢亞里斯托克　明斯克　穆基來夫　斯摩稜斯克

華沙　　　　　　　　　　　葉爾那　　卡路加

布勒斯特─里托夫斯克　　　　　　　土拉

波　蘭　　　　　　　　　　布里安斯克

普里皮特沼澤　　戈梅利

捷克　　　貝洛柯羅維奇　　　　　　葉勒茨

斯洛伐克　普熱梅希爾　　　　　　庫斯克

席托米爾　　基輔

維尼沙　　　　　　卡爾可夫

匈牙利　穆基來夫─波多斯奇約　烏曼

佩爾佛梅斯克

塔干洛

奧德薩　　　　　　　　羅斯托夫

普洛什特　　　　　　　　亞速海

布加勒斯特　　克里米亞　　克赤

羅馬尼亞　多瑙河

塞瓦斯托波耳　　　　邁科普

黑　海

第一章
戰爭前夕

德國對蘇聯戰役計畫中，認為這場戰爭不會超過十周，但希特勒沒有估計到其無能的
軸心國同盟墨索里尼在巴爾幹半島發動的戰役如此不濟。

德國攻蘇計畫包括三個集團軍，分別向列寧格勒、莫斯科和基輔進軍。根據希特勒的命令，莫斯科是次要目標。因此，中路的集團軍前進至斯摩棱斯克（Smolensk）東部，大約邊境至莫斯科全程三分之二的路程後，其裝甲兵力分別向北和向南行進，幫助掃蕩波羅的海地區和保護烏克蘭。命令中寫道：「只有在首要任務完成了之後，如任務中必須拿下的列寧格勒和克倫斯塔特（Kronstadt），才可以進行占領莫斯科的進攻任務。」這解決了希特勒心中的問題，但是德國陸軍最高司令部領袖哈爾德並不認為戰爭應該這樣進展，他的問題還沒有解決。

哈爾德傾向於主攻莫斯科，不僅因為莫斯科在經濟、政治和軍事上的重要性，還因為哈爾德相信紅軍會在莫斯科周圍做最後的抵抗。因為巴巴羅沙計畫的最主要目的是消滅紅軍，哈爾德認為德國主要的任務就是進攻莫斯科。希特勒不同意這個觀點。

除了哈德爾與希特勒之間，及他們代表的德國陸軍最高司令部與德軍最高統帥部之間的意見不一致外，陸軍副總參謀長包拉斯少將（Friedrich Paulus）負責進行的詳細地圖推演及其他複雜演練，也暴露巴巴羅沙計畫中其他潛在問題。

←1940年11月初義大利砲兵正砲擊希臘陣地，墨索里尼試圖仿效納粹軍隊的勝利。希臘人不但阻止了義大利陸軍的進攻，還把義大利人從邊境趕回了阿爾巴尼亞。義大利軍隊指揮混亂，裝備極差，士氣低迷。

↑墨索里尼（左）與希特勒。希特勒曾阻止義大利進攻希臘，準確推測出這會把德國拖入巴爾幹。義大利在巴爾幹的失敗使德國不得不為了保護南方的側翼，而推遲希特勒長期以來進攻蘇聯的夢想。

空間問題

包拉斯的研究顯示：即使是一支三百萬人的軍隊，在進攻後不久也會變得過於分散。隨著進攻的推進，德國的前線將從起始點開始呈漏斗狀擴展出去，寬度超過三千二百公里（二千英里）。這樣一來，德軍不得不在如此遼闊的國家裡開展閃擊戰。這跨越了很大的面積，並不適合開展閃擊戰，因為閃擊戰只在西歐和中歐的領土相對有限的地區實施過。裝甲先頭部隊將很快

把步兵部隊甩開，兩者間會形成易受攻擊的較大缺口。此外，隨著先遣部隊逐漸深入蘇聯境內，補給變得非常關鍵。

蘇聯幾乎沒有真正的公路，堅硬的碎石路在其運輸網絡中也不常見─蘇聯歐洲部分只有百分之三的路面鋪設過。堅硬的泥土路一下雨就會變成深陷的沼澤，這會嚴重拖延推進的速度。此外，蘇聯僅有的東西向鐵路線都是單行寬軌鐵路，德國和中歐的火車都不適用。

德國的計畫原打算在作戰人員、裝備、指揮與戰術上，全面形成紅軍的決定性優勢。德國情報部門也相信敵方擁有大量的戰爭物資，但他們認為蘇聯的裝備已經過時，不適用於現代戰爭。例如，大部分的蘇聯飛機缺少無線電，飛行員要靠搖晃機翼來傳遞信號。

從數字上看，紅軍是一個可怕的對手。它總共有二百三十個師，一千二百萬人，二萬四千輛戰車和八千架飛機。對付這樣一支軍隊，德國軍隊需要部署三百三十萬部隊（占其三百八十萬總兵力的百分之八十七），三千三百三十輛戰車和二千七百七十架飛機。此外，俄國人充分利用自然障礙，如普魯特河（River Pruth）、桑河（River San）、布格河（River Bug）以及第聶伯河（River Deieper），並部署了防線抗擊南方集團軍。

但是，德國清楚蘇聯缺乏有經驗的指揮官。蘇聯軍隊剛受到史達林的政治清洗，其中最著名的是處決圖哈切夫斯基（Mikhail

Thkhachevsky）元帥。一九三七年至一九四一年間，史達林對蘇聯最高統帥部（Soviet High Command）進行了系統性的毀滅，此舉是為了保證其對蘇聯的絕對統治地位，史達林為此要除掉任何威脅到其權威的人。一九三七年六月圖哈切夫斯基被處死，從此開始了紅軍軍官的整體大換血：蘇聯五個元帥中的三個，十一個副國防人民委員，十五個陸軍司令中的十三個，一九三七年五月間的所有軍區司令以及海空軍司令部中的高層人員都被處死或無故失蹤。應該提供專業士兵諮詢的政治部門也遭受了同樣的命運。在這一期間，有三萬五千名軍官被撤職、關押或處死。這些清洗行動對抵抗一九四一年六月德國進攻時的紅軍戰力帶來了不可估量的損失。

清洗活動也使希特勒及其策劃者低估了蘇聯的軍事潛力。例如，

德國情報部門就未能完全搞清楚蘇聯體制的整體情況。他們只看到了被破壞的軍隊，沒有察覺到烏拉山脈及遠東的新興工業城市。德國人也未能準確估算出未來蘇聯武器的生產能力，只計算了德軍可能作戰範圍內的情況。

一九三九年十一月蘇聯對芬蘭的進攻，讓德國進一步認為紅軍無法與德軍對抗，因為蘇聯竟然要使用一百萬無能的紅軍來進攻數量上處於絕對劣勢的芬蘭陸軍。芬蘭元帥曼納海姆（Gustaf Mannerheim）把蘇軍的表現比做一支指揮極差的樂隊，演奏時根本就跟不上節奏。

德國人忽略了一個事實，蘇聯軍隊對芬蘭的進攻準備十分倉促，他們根本就沒有時間準備，也缺乏對芬蘭軍隊和地形的情報。但在一九四一年初，勝利的喜悅讓德國人忽視了自己軍隊中的問題，同時他們也高估了自己的實力。在巴巴羅沙行動的前夜，德國陸軍的實力和缺陷如何呢？

在一九四一年，德國陸軍仍然

↑本質上來說，紅軍是一支龐大的農民軍，其社會基礎與西歐國家無法相比。1941年6月紅軍的隊伍都是沒有經過軍事訓練的新兵。與訓練有素的德國陸軍對抗必然會遭受災難般的失敗。

←蘇聯步兵正在進行機槍訓練，這是紅軍二戰中的標準機槍，馬克西姆水冷式機槍。與許多紅軍步兵武器一樣，這種機槍可以追溯到沙皇時代。就像在德國巴巴羅沙行動中蘇聯使用的許多裝備，這種機槍與德國的MG 34機槍相比顯得笨重過時。

→史達林喜歡向世界展示的紅軍，一支完全機械化的現代化軍隊。這些T-38輕型兩棲戰車和T-26輕型戰車1938年在紅場閱兵，給人印象深刻。但是戰車乘員訓練很差，機械化部隊數量極少，許多型號在1941年已經過時。

依靠用雙腳行軍的步兵。儘管有上千輛從法國繳獲或從德國徵用的商用車輛被投入軍隊使用，但即使是機械化步兵師也缺少戰車。陸軍補給和大砲的機動主要依靠馬匹。因為一九四〇年六月侵入法國，自我吹噓的裝甲師在進攻能力上有所降低。希特勒將每個裝甲師中的裝甲團數量從二個減到一個，從而使裝甲師從十個師增加到二十個師，這樣一來每個裝甲師中的戰車數量就少了一半，從一九三九年裝甲師標準配置的三百二十四輛減少到約一百六十輛。雖然戰車數量上減少，但到一九四一年，裝甲師有效地運用了三號戰車、四號戰車以及輕型捷克戰車。大部分一九三九～一九四〇年間在波蘭和法國作戰的更小的一號和二號輕型戰車僅限於偵察任務，或被拆掉後將底盤用於別處。

下一代戰車仍處於原型階段或者還只是在德國工程師的圖板上。實際上，這時期德國的裝甲部隊正處於一個矛盾的狀態。因為德國的工業還沒依全面戰爭的要求啟動，所以德國缺少戰車和卡車。全面動員經濟的失敗，使得「閃擊戰」這一藉由短時間激烈戰役來確保勝利的戰術變得更加關鍵。也正因為德軍依靠機動性取得勝利，所以德國需要增加卡車、戰車及其他軍用車輛的產量並提高性能，這些車輛可以快速便利地進行機動。

蘇聯的情況如何呢？除了他們擁有一千七百萬適合服役年齡的男性外，他們實際在戰車的發展上領先於德國。例如，一九四一年春天，訪問德國的俄羅斯軍事代表團無法相信四號戰車是德國的最重型戰車。他們知道俄羅斯的生產線已經開始生產更重而且更快的戰車─

著名的T-34。

希特勒及他的許多將軍堅信德國軍事上的必勝以及蘇聯人的無能。希特勒曾向他手下的一位將軍吹噓：「我們只需衝進大門，整個脆弱的結構就會崩塌。」他們非常相信會取得勝利，以至於沒有認真地要求軸心國夥伴日本提供幫助，同時對蘇聯的遠東地區發動進攻，以牽制可部署用於對抗德軍的蘇聯軍隊。事實上，希特勒甚至沒有通知日本他的進攻意圖。

在拿破崙進攻俄羅斯失敗後，十九世紀德國的軍事理論家克勞塞維茨（Carl von Clausewitz）總結稱：俄羅斯只能從內部去占領。但是，德國選擇忽視對上百萬在蘇聯壓迫下人民可能的支援，這些人嚮往著脫離共產主義的統治，特別是在烏克蘭和波羅的海國家。希特勒的種族主義讓他不可能選擇透過承諾當地的獨立，以爭取當地人的反共產主義者的支持。

希特勒要發動一場殘忍的戰爭，並提出滅絕戰爭的概念。他在一九四一年初一次高層指揮官的集會上說：「對俄戰爭不能以紳士似的方式進行。這是一場不同意識形態和不同人種間的戰爭，要以史無前例的無情和殘忍態度來對待。」據此，在戰爭中，德國士兵就不受海牙公約中有關戰爭條款及日內瓦公約中有關對待戰俘原則的約束。取而代之的是一系列消滅「意識形態和種族敵人」和消滅俄國人的命令。這些措施由黨衛軍來實施，他們是隨著占領蘇聯的德軍進入的。

有一項法令是保護德軍成員不承擔蘇聯人犯罪而造成的法律後果，而另一項命令則賦予德軍權利，可隨時殺死拿起武器反抗德國人的平民。還有一項法令被稱為政治委員法令，要求肅清共產主義中的政治委員會，這些委員與軍事指揮官共同控制紅軍的每一個單位。許多德國軍官對執行這樣的命令感

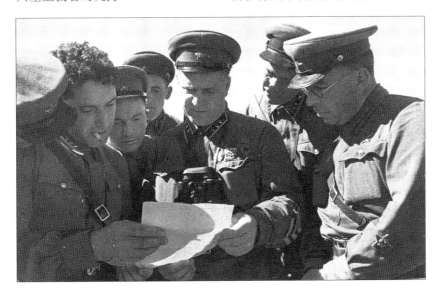

←軍團司令朱可夫1939年8月在諾門坎戰役中。在這場戰役中，紅軍在朱可夫的指揮下重創了日軍，保證了日本未來不會攻擊蘇聯，使得軍隊可以支援史達林1941的年莫斯科反擊。這也標誌著朱可夫的發跡。

→提摩盛科元帥在巴巴羅沙行動之初指揮西部方面軍，任務是阻止中央集團軍。作為一個有鐵般紀律的人，他替代布瓊尼元帥成為西南方面軍的指揮。儘管他在前線遭遇失敗，但他嚴格的堅持紀律使他與史達林關係親密。

→一位總體上更有才能的指揮官是羅科索夫斯基。他在史達林對紅軍進行清洗時被捕，在巴巴羅沙行動期間被釋放並擔任機械化軍團的指揮。他1941年指揮一支軍團，是史達林格勒的一名前線指揮官，戰爭結束時成為元帥。

到厭惡，但他們的反對聲浪都被不願激怒希特勒的陸軍司令布勞希奇壓了下去。

巴爾幹的轉變

從一九四〇的隆冬到一九四一年的春天，德國將軍隊集結在東普魯士、波蘭和羅馬尼亞。一萬七千輛列車載著士兵和裝備向東駛去。

四月時，一部分集結的部隊被臨時調去南方，參加南斯拉夫和希臘的戰役。希特勒不希望在巴爾幹發生衝突，並且在一九四〇年春季和夏季多次阻止軸心國夥伴，義大利的獨裁者墨索里尼開始進攻南斯拉夫和希臘的計畫。墨索里尼勉強接受了希特勒的建議，因為他要依靠德國提供製造武器所需的原物料。一九四〇年三月，一份正式的德國公報驕傲地宣布了戰爭開始僅六個月後德國取得的軍事成效，墨索里尼不情願地表示了欽佩，其實

十分的妒忌。他在領土上的戰果根本無法與希特勒相比，他感到作為歐洲第一個法西斯獨裁者應該採取行動挽回威信。在一九四〇年六月初，德國把英國趕出了歐洲大陸並讓法國投降，這讓墨索里尼更感受挫。德國看上去似乎要贏得戰爭。墨索里尼與希特勒達成過一致意見：在「新歐洲」，義大利將從法國得到好處。為了加強這一權利，並通過軍隊的實力取得戰利品，在一九四〇年六月十日，墨索里尼宣布對英國和法國宣戰。然而，他陷入被義大利外交部長齊亞諾（Galeazzo Ciano）諷刺地稱為「和平爆發」的窘境（然而不是在法軍痛擊義軍之前）．

但是墨索里尼仍然是受注目的中心人物之一。一九四〇年十月二十八日早晨，駐阿爾巴尼亞的義大利軍隊越過邊境進入希臘，展開了二次世界大戰中最令人驚訝的戰

役之一。墨索里尼宣布「新羅馬帝國」即將誕生，古羅馬帝國的榮耀將會重現。一個月後，希臘人把義大利軍隊趕出了希臘。到一九四一年一月中旬，希臘甚至占領了阿爾巴尼亞的四分之一領土。十二月初希臘占領了波格拉戴克（Progradec，阿爾巴尼亞地名），這讓義大利人感到沮喪。義軍司令索杜（Soddu）此時公開把局勢的惡化歸咎於政治的干涉。墨索里尼告知齊亞諾：「這兒沒甚麼可做的。這是可笑和荒謬的，但這也是事實。我們不得不通過希特勒尋求停戰。」但齊亞諾勸墨索里尼不要這麼做，而派了卡瓦萊羅將軍（Cavallero）到阿爾巴尼亞前線報告局勢。

墨索里尼的「希臘災難」造成了兩個法西斯獨裁者之間關係的根本改變。儘管希特勒沒有公開批評墨索里尼進攻希臘，但希特勒沒有與希臘斷絕外交關係，這讓墨索里尼非常難堪。不過，希特勒也沒有掩飾對義大利冒險行動的不滿，這畢竟威脅到了軸心國在東南歐的形勢。因此，希特勒首次對義大利人提出建議，告訴他們如何進行戰爭。大部分不抱有偏見的觀察家同意希特勒的觀點，義大利部隊在沒有外援的情況下無法擊敗希臘人。一九四一年一月二十九日，希臘的獨裁者梅塔克薩斯（Metaxas）突然去世，希特勒希望德國透過外交

↓1939～1940年冬季戰爭中，芬蘭部隊在查驗死去的俄羅斯士兵。雖然紅軍數量上較芬蘭占優勢，但他們的進攻非常笨拙，缺乏協調，因此取得很小的戰果都要付出重大傷亡。與之相比，芬蘭人對冬季戰爭進行了專門訓練，而且準備非常充分。

政策，讓希臘的繼任者與德國的納粹政策結盟（根據當時希臘的政治局勢，該國很可能適合加入軸心國，因為梅塔克薩斯一直照搬納粹的手段）。但是希臘國王明確表示梅塔克薩斯的死不會影響希臘人民與義大利奮戰的決心。

一九四〇年十一月，作為其控制巴爾幹野心的一部分，希特勒制定了對希臘展開更有效進攻的計畫，代號「馬里塔行動」（Operation Marita）。這計畫要求在羅馬尼亞南部的基地部署十六個師，從這些基地，德國可以由南部進攻希臘。最初的計畫是占領愛琴海以北的希臘領土，但是一九四一年三月初，英國軍隊在希臘登陸（一個月前英國承諾派遣十萬人的軍隊協助希臘作戰），因此德國的計畫進行了修改，決定要占領整個半島及克里特島。現在的計畫目標是把英國和盟國軍隊趕出希臘並使希臘投降。

南斯拉夫的情況如何？羅馬、柏林和東京之間的三方協議是軸心國聯盟的基石。匈牙利、羅馬尼亞和斯洛伐克於一九四〇年加入該協議。保加利亞一九四一年加入。同年三月二十五日，在德國強大的外交壓力下，南斯拉夫繼保加利亞之後成為協議簽署國之一。至此，前往希臘邊境的道路都得到了保護。但是南斯拉夫人民推翻了加入協議的政府。三月二十七日的凌晨二時二十分，米爾科維奇將軍（Bora Mirkovic）發起攻擊。在這之後，南斯拉夫軍隊發起政變，政府下臺，年輕的彼得二世宣布就任國王，在貝爾格勒（Belgrade）組成了新的反德國政府。在英國，戰爭內閣為此舉行了慶祝，大西洋的另一端也平靜地表示了樂觀。柏林的反應卻是批評性的。德國十一月末決定他們將在春季巴爾幹道路解凍後立即協助義大利人攻下希臘。到四月的第一周，雪已開始融化，「馬里塔行動」開始啟動。但是目前敵對的南斯拉夫威脅到「馬里塔行動」和「巴巴羅沙行動」。

希特勒在三月二十七日一早得知了貝爾格勒政變的消息。剛開始他還不能相信，後來他說道：「我認為這是個玩笑。」希特勒極為憤怒，他認為貝爾格勒政變簡直就是對他的侮辱。希特勒命令將「馬里塔行動」擴展，把進攻南斯拉夫也寫進了計畫，代號「懲罰」。命令中寫道：「要用無情的打擊和閃電般迅速的軍事毀滅，攻擊南斯拉夫，這在政治上極其重要。」德國沒有向貝爾格勒發出最後通牒，隨著第一枚炸彈落在貝爾格勒，戰爭

↓在冬季戰爭中被擊毀的蘇聯T-26指揮戰車。在戰爭中，紅軍死亡四萬八千人，傷十五萬八千人，這種極差的表現進一步讓德國認為巴巴羅沙行動開始後，蘇聯會在閃擊戰的攻擊下屈服。

就開始了。包括進攻南斯拉夫的「馬里塔行動」也同時啟動，而「巴巴羅沙行動」則要推遲四個星期。

巴爾幹的變化影響了對蘇進攻的啟動。「巴巴羅沙行動」最初目標是在五月的下半月發動進攻，但現在不得不推遲約五個星期。推遲主要是因為新組建的裝甲部隊和摩托化步兵缺乏軍用車輛，而且東歐春天的洪水使得邊境上的河流大多無法通過。

到一九四〇年十二月末，俄羅斯駐柏林武官收到匿名信，裡面是一周前剛剛簽署的「巴巴羅沙行動」的命令。之後一個月，蘇聯收到了大量的警告。德國向東增兵沒有逃過蘇聯獨裁者史達林的注意。

雖然德國製造假象稱正向西部派出二十個二線師，準備進攻鞏固，但史達林沒有上當。不過他認為一九一四年是尼古拉二世促使德國宣戰，他決定不給希特勒這個藉口。

邊境上的緊張局勢

整個一九四一年的春天，邊境上因為德國武裝偵察巡邏隊及特別裝備的高空間諜飛機頻繁侵犯，蘇聯一直保持警惕。史達林似乎忽視了這些即將進攻的跡象。他沒有進行任何公開的抗議，也禁止在政府控制的新聞中討論這些情況，也沒有證據顯示他在調動軍隊。蘇聯領導人顯然相信：除非被激怒，否則希特勒不會在不發出最後通牒前發起進攻。同時，史達林慎重地與日

↑1939年德國裝甲部隊在進攻波蘭。蘇聯分析家原估計戰役要持續數月，但德國閃電般的勝利警告了蘇聯。這場入侵僅四周就非常高效率的結束，向世界證明閃擊戰理論的速度和力量。

本談判簽署了中立協定。為了安撫希特勒，史達林甚至繼續按貿易條約向德國運輸糧食及其他商品。

　　毫無疑問，史達林知道德國最終會進攻蘇聯。除了國家社會主義和馬克思共產主義在意識形態上的競爭和敵對外，兩國都對東歐存有野心，這使得他們成為競爭對手。蘇聯希望在這一地區建立多個緩衝國家以防止來自西方的進攻，這是蘇聯傳統上受到攻擊的路線。對於德國來說，納粹也把同一地區視為完成千年帝國野心的重要領土。但史達林極力地為其軍隊爭取時間，例如互不侵犯條約這樣的權宜之計。

　　為了彌補芬蘭戰爭暴露出來的不足，紅軍正在進行一個現代化改進的計畫。同時，最近任命的最

高統帥部統帥朱可夫將軍（Georgi Zhukov）就匆忙開展其縱深防禦蘇聯的計畫。朱可夫的體制是在二十世紀三〇年代紅軍進攻戰略的基礎上做了些變化。朱可夫沒有在邊境地區部署大量的蘇聯防禦力量，而是設立了三條連續的防線，一直深入後方二百四十多公里（一百五十英里）。朱可夫希望這些阻擊可以消耗德國裝甲進攻的力量，使得最後的梯隊，即戰略預備隊能夠進行決定性的反擊。這是一個非常優秀的計畫，但是把理論變成現實，需要時間。到一九四一年年中，紅軍的部署仍然混亂，訓練和裝備都不足以應對迫近的入侵。

入侵部隊

　　德國的入侵部隊到一九四一年

↑布西將軍在巴巴羅沙行動期間指揮第16軍團。該軍團是李布元帥北方集團軍的一部分，由第2、第10和第28軍團組成。在巴巴羅沙行動期間，他對曼斯坦說他想帶領軍團向東南方向的加里寧推進，最後到達莫斯科，但李布沒有允許他這麼做。

←1940年德軍在法國。裝甲師在法國和荷蘭的勝利更讓紅軍最高司令部吃驚。作為回應，蘇聯部長會議命令組建八個新的機械化軍團，各裝備一千零三十一輛戰車。

春天已經進入了前線的位置,當時蘇聯在第一道防線上的兵力估計有一百萬,但只是德國的三分之一。德軍由一百五十個師組成,其中有十七個是裝甲師,十三個是摩托化步兵師。進攻的主要目的是通過裝甲部隊深入的突擊,包圍紅軍,在邊境與杜維納河(Dvina River)、第聶伯河南北一線之間的地區把紅軍消滅,約離東線四百八十公里(三百英里)。

根據計畫,在六月的進攻,將劃分為三個集團軍。北方集團軍是最小的一支部隊,只有三個裝甲師,三個摩托化師和大約二十個步兵師,由李布元帥(Ritter von Leeb)指揮。艾克(Theodor Eicke)強大無情的黨衛軍「骷髏師」(SS-Totenkopf Division)也被派遣到該集團軍,作為赫普納將軍(Erich Hoepner)第4裝甲兵團的一部分。另一個黨衛軍(Waffen-SS)單位—黨衛軍警察師(SS-Polizei Division),作為北方集團軍預備隊的一部分。作為三個集團軍中最弱的一個,北方集團軍將向東北移動,從東普魯士進入立陶宛,消滅波羅的海國家並占領列寧格勒。

德軍機動作戰二個半星期後,芬蘭將提供支援,以二十一個師從北方進攻蘇聯。為了支持北方的進攻,黨衛軍北方戰鬥群(SS-Kampftruppe Nord)和黨衛軍第9步兵團作為挪威山地軍團一部分部署,由法肯霍斯特將軍(Nikolaus Von Falkenhorst)指揮,在芬蘭的前線作戰。

中央集團軍由波克(Fedor von Bock)元帥指揮,是德國規模最大的集團軍,由九個裝甲師,六個摩托化師,三十個步兵師,三個保安師(Security Division),大德意志步兵團(Grossdeutschland Regiment),以及一個預備師組

成〔黨衛軍「帝國」裝甲師（SS Das Reich Division）分配給了古德林（Heinz Guderian）的第2裝甲兵團〕。這樣中央集團軍一共有五十個師，而且德國陸軍最高司令部還在該集團軍前線後方部署了另外六個師。該集團軍將攻擊普里皮特沼澤（Pripet Marshes）以北的廣闊地區，沿前線延伸二百四十公里（一百五十英里），二條平行的進攻方向將向東進入白俄羅斯，直指斯摩稜斯克和莫斯科。在占領了斯摩稜斯克後，中央集團軍將協助北方集團軍摧毀波羅的海的敵軍。在這之後的目標才是莫斯科。

南方集團軍

南方集團軍由倫德斯特（Gerd von Rundstedt）元帥指揮，由四十一個師組成，其中包括五個裝甲師，四個摩托化師，二十八個步兵師，一個山地師和三個保安師，另有一個師作為預備隊。該集團包括屬於克萊斯特（Edwald von Kleist）第1裝甲兵團的警衛旗隊師和黨衛軍維京師（SS-Wiking）。此外，德國陸軍最高司令部部署了六個師作為南方集團軍的預備隊，其中包括一個山地師。在戰線的南部有十四個羅馬尼亞師，匈牙利旅和兩個義大利師。

保安師將保護部隊的後方，並在東線作戰。這些部隊大部分素質很差，裝備著二流的武器，只適合第一次世界大戰。每個師只有兩個步兵團（標準步兵師有三個團），一團承擔積極的行動，二團人員更

差，只承擔師固定區域內的保衛任務。出於其承擔的任務性質，保安師在人力和裝備上都嚴重不足。

戰役目標

南方集團軍最初的任務是消滅所有第聶伯河西邊的蘇聯軍隊。希特勒決定要讓俄羅斯人不能毫髮無損地撤回後方，如果是那樣，俄羅斯就可以對過於分散的德軍發起反

↑演習中的德國機槍隊。1941年，德國陸軍毫無疑問是世界上最優秀的作戰單位。經過了近兩年的勝利，其士氣、訓練和裝備都非常完善。另外，對於機動戰非常重要的下級指揮官和軍士，他們的素質也一貫非常優秀。

←中央集團軍司令波克元帥，曾被形容為「菲德利肯普魯士主義……與生俱來的性格」以及「暴力的國家主義者，有嚴格的紀律意識，只知道加強其部隊及提升自己的軍人生涯。」他於1945年在空襲中喪生。

↑倫德斯特元帥（中左）指揮南方集團軍。他被形容為「德國陸軍的黑騎士」，與希特勒的關係不穩定。不管如何，希特勒知道倫德斯特非常受軍官團的尊重，因此也對他較為尊重。

→德國對於巴巴羅沙行動中需要通過的河流障礙準備非常充分。第2裝甲兵團的路線上有布格河，而北邊的第3裝甲兵團必須要越過聶曼河。這兩支部隊肩負著德國東線勝利的希望。

前推進，在抵達伏爾加河（River Volga）、史達林格勒和重要的高加索油田之前，占領基輔、卡爾科夫（Kharkov）和克里米亞半島（Crimea）。南方集團軍分為兩路，彼此間相隔很遠。較強的北路沿普里皮特沼澤南界向東推進進入烏克蘭，其目標是第聶伯河和基輔。較弱的南路由六個德軍師和二十萬羅馬尼亞部隊組成，六月一日從羅馬尼亞穿過邊境。

戰役中德國空軍的作用，一是奪取制空權，二是支援地面作戰。德國海軍的作用較為有限，主要是在波羅的海行動，防止敵軍從海上突圍。一旦占領列寧格勒並消滅了蘇聯艦隊，海軍將保護通過波羅的海的補給。

裝甲師

對於德國陸軍來說，巴巴羅沙

擊。一九四一年一月三十一日的陸軍部署命令就反映出這一點，命令中寫道：「陸軍最高司令部分派任務的首要意圖，是通過在普里皮特沼澤南北兩個方向的強大機動編隊，進行靈活深入的突擊，從而撕開俄羅斯陸軍集結的前線，地點估計在俄羅斯的西部。敵軍的部隊將會被這些穿插行動分割開，然後被消滅。」

第1裝甲兵團的目標是突破科維（Kowel）以南的俄羅斯防線，切斷紅軍向西南的路線，並圍困住他們，直到步兵跟上並消滅這些部隊，這需要推進四百八十公里（三百英里）穿越崎嶇複雜的地形。

一旦進攻路線上的蘇聯陸軍被包圍和殲滅，德國集團軍將向

←人們經常會忘記1941年春天在東線異常的潮濕。河流直到5月一直都處於洪水的水位，使得許多河流周圍的路面無法進行大規模的軍事行動。在巴巴羅沙行動開始時，水位已下降很多。

行動的成功主要依靠裝甲師，它們是德國的攻擊力量。每個裝甲師部隊約一萬七千人，包括一個裝甲團，兩個摩托化步兵團以及火砲、防空、反戰車、工程和偵察等支援單位，這是一種非常平衡的編制組合。

除了戰車數量和型號外，裝甲師真正的力量來自其人員。經過近兩年驚人的勝利後，裝甲師的人員已成為精英，訓練優秀，對車輛和自身的角色非常熟悉，指揮官也非常出色，有著非常好的團隊精神。在巴巴羅沙行動開始的前夜，裝甲師的人員士氣高漲，對他們的裝備、指揮及任務非常有信心。

←如果巴巴羅沙行動要成功，架橋和工程技術非常關鍵，而且蘇聯的許多橋樑建設都很差，這一點就更加突出。幸運的是，裝甲師在速度和戰術上的空襲使得許多占領的橋樑都沒有受破壞。這些橋可以進行強化。

→克魯格元帥是中央集團軍第4軍團的司令。在巴巴羅沙行動期間，他是古德林的上級，但古德林希望把自己的裝甲部隊向東進一步推進，兩人在這一問題上意見相左。克魯格1941年12月提升為中央集團軍的司令。

紅軍部署了二萬輛戰車，雖然其中有一千輛是出色的T-34和KV-1型，但其中大部分是輕型的BT系統巡邏戰車，在質量上遠不如德國的戰車。一九四一年六月，約百分之六十的蘇聯舊型戰車因機械原因退出了戰鬥，這可以看出蘇聯戰車的可靠性很差，人員也不稱職。另外，儘管T-34戰車正不斷出場，但乘員還遠遠沒有作好戰鬥準備。

如果說德國在巴巴羅沙行動上還有甚麼主要不足的話，那就是反戰車武器。雖然在第二次世界大戰末八八公厘防空砲獲得了傳奇般的聲譽，但陸軍中主要的反戰車武器還是三七公厘口徑的火砲。這種火砲被證實不足以攻擊裝有出色傾斜裝甲的T-34戰車。

另一個潛在的問題是零件補給問題，裝甲師沒有維修能力以進行長期戰役。零件補給和訓練有素的機師總是不足（在之前的戰役中戰車都被船運回德國維修），在巴爾幹的作戰已經耗盡了備料和戰車履帶的供應。但是德軍中的每一個人都相信在俄羅斯的戰役與波蘭、法國及巴爾幹的戰役沒甚麼不同，德國必定會迅速取勝。

→希特勒對布爾什維克主義發起進攻前最後的命令。大部分參加巴巴羅沙行動的德國士兵並不清楚蘇聯的情況。他們只知道蘇聯是一個幅員遼闊的國家，但直到行進在似乎無邊際的西伯利亞大草原時，他們才認識到他們任務的艱鉅。

第二章
叩響蘇聯大門

一九四一年六月二十二日凌晨的數小時內，沿著整個蘇聯的邊境部署的德國火砲開始開火。約二十五分鐘後，第一架德國斯圖卡俯衝轟炸機開始轟炸─「巴巴羅沙行動」開始了。

德國軍事機器最後一刻的準備趨近完美；此時德國要指揮前線的數千個單位，戰線從波羅的海到黑海蜿蜒曲折達二千一百六十公里（一千三百五十英里）。這個大弧線從北部的北冰洋開始一直到南部的黑海，戰線上佈滿了車輛、火砲和部隊。希特勒在巴巴羅沙行動發動前對他的副手說：「在每場戰役開始時，就像一個人推開門進入一間黑暗的房間。沒人會知道裡面藏著甚麼。」

到一九四一年五月末，德國開始與未來戰役中須並肩作戰的國家拉近關係。芬蘭總參謀長海因里希斯（Heinrichs）會見了德軍作戰的總指揮約德爾（Jodl）和德國陸軍總參謀長哈爾德。他們討論了德國的進攻計畫以及芬蘭在其中的作用。四月七日，德國的挪威軍團（Norway Army）收到了完整的作戰命令，包括「馴

↓德國的火焰噴射隊在巴巴羅沙行動初期進攻一個紅軍的陣地。這種武器是一個大型的35型噴火器，重35.8公斤（78.75磅）。它可以噴射十次一秒鐘的火焰，射程25至30公尺（83至100英尺）。由於重量重，它要由兩個人操作。

→巴巴羅沙行動的第一天，德國的野戰砲攻擊蘇聯陣地。紅軍已經在靠近前線的地方建立了巨大的物資倉庫，裡面裝滿了武器、彈藥和油料，這些都在德軍火砲的射程內，被精確地摧毀了。

鹿作戰」（Operations Reindeer）（如果必要，占領芬蘭北部重要的鎳礦區）和「銀狐行動」（Silver Fox）（為可能對莫曼斯克（Murmansk）及其鐵路發起進攻的準備基地）。曼納林（Gustaf Mannerheim）將只指揮芬蘭軍

隊，而德國的軍官將指揮德國與芬蘭軍隊。六月三至五日，在世界的邊緣進行這些行動的準備時，挪威軍團的參謀長布申哈根上校（Buschenhagen）討論了德軍在芬蘭北部的部署以及芬蘭第3軍接受德國指揮的問題。

一周後的六月十二日，希特勒在慕尼黑（Munich）會見了羅馬尼亞的安東尼斯古元帥（Antonescu），把更多的巴巴羅沙行動的祕密資料給了羅馬尼亞的領導人。在羅馬尼亞國內，德國的官員正在安排德國與羅馬尼亞進攻計畫的最後細節。

六月的第一周，哈爾德主持召開了多次特別會議，每次會議分為幾個十五分鐘會期。巴巴羅沙行動的時間表已經於六月五日由希特勒批准。哈爾德六月九日視察了中央集團軍的第4軍團，討論了穿越布格河的突襲。一九四一年六月十

→在火砲攻擊和俯衝攻擊之後，戰車和步兵進入戰鬥。圖中一個步兵用木柄手榴彈攻擊紅軍的碉堡。部隊都習慣攜帶木柄手榴彈，把投擲木柄插在腰帶上。

←巴巴羅沙行動的開始階段，容克87「斯圖卡」俯衝轟炸機在攻擊蘇聯目標的飛行途中。德國空軍部署了近三百架飛機到前線，分屬空1軍、空2軍和空4軍。為保密，德國空軍的飛機到1941年的6月初才轉移到前線基地。

↓為了進攻蘇聯，德國空軍使用了一種新的殺傷炸彈：SD2。這種炸彈直徑76.2公厘（3英寸），長89公厘（3.5英寸），被快速連續投下後，炸彈的外殼會打開並形成一對翼。然後炸彈會飄向地面，碰撞後爆炸。

日，德國總參謀長為蘇聯邊境沿線的單位設定了下列時間點：六月二十二日為攻擊發起日，六月二十一日十三時將下達代號「多特蒙德」（Dortmund），表示進攻開始；或代號「阿爾托納」（Altona）標誌著行動推遲。六月二十二日凌晨三時三十分，德國空軍將飛過蘇聯邊境線，德國陸軍開始行動。如果天氣惡劣無法進行空中行動，地面部隊將自行展開進攻。希特勒親自強調說天氣因素不能推遲進攻。同一天，各個裝甲集團的參謀被命令前往各個前線指揮所。

希特勒六月十四日召開最後一次會議，三大集團軍、軍團和裝甲兵團的司令以及他們的參謀人員，加上空軍和海軍相關人員聚集在柏林的第三帝國的總理官邸（Reich Chancellery）。為了這次大型高級軍官會議的保密，總理官邸使用了好幾個出入口。

→對付「軟目標」，如一排停放的飛機，SD2被證明非常有效。由於蘇聯的防空能力弱，德國飛機可以低空飛行，準確地把殺傷炸彈扔進一排排的敵軍飛機中。

↓「在戰爭的前幾天，敵人的轟炸機編隊對六十六個前線機場進行密集攻擊……這些攻擊的結果和猛烈的空對空作戰給我們造成巨大損失，到6月22日的中午就損失一千二百架飛機」（蘇聯衛國戰爭史）

會議的主題關於巴巴羅沙計畫的時間及整個的規模。在中午前，軍官們向希特勒報告了他們個人的任務。所有與會的高級軍官參加了午宴，之後希特勒宣布了他發動這場戰爭的理由。他強調說目前英國最終會投降。與之前三月三十日所說的一樣，他還強調這是兩個衝突的意識之間「決定性的回合」。此外，希特勒對屬下的軍官強調說需要軍官們具有必要的獸性，這是一場無情的戰爭。

同時，哈爾德與挪威軍團的法肯霍斯特討論了「銀狐行動」的細節。他還與南方集團軍司令部討論了細節，內容包括如何讓羅馬尼亞部隊保持在安東尼斯古「獨立」司令部指揮之下直到行動發起日。從此，德國第11軍團就作為安東尼斯古的下屬部隊擁有羅馬尼亞陸軍的作戰指揮權；德國軍事代表團則作為安東尼斯古和第11軍團之間的聯絡機構。匈牙利儘管也對蘇聯在其邊境上的兵力集結非常擔心，但並沒有參與巴巴羅沙行動。

三天之後的六月十七日，希特勒批准了六月二十二日為行動發起日，凌晨三時為約爾（Yhour）。在同一天，古德林親自檢查了布格河的狀況。整個蘇聯的防禦和地形

都被詳細勘察了一遍。布格河本身就是他的裝甲兵團，乃至整個中央集團軍所要跨越的第一個障礙。屬於中央集團軍的古德林第2裝甲兵團的戰車，車身標記了一個白色的「G」字，作為他們的戰術標記；而屬於南方集團軍的克萊斯特第1裝甲兵團的戰車，車身標記了白色的「K」字。

人員和裝備都小心地藏在奧格斯托沃（Augostovo）的大森林中。一觸即發的裝甲編隊開始向發起衝擊的陣地機動，六月十九日，重型架橋裝甲運抵畢亞拉帕德拉斯卡（Biala Padlaska）。布格河南部的攻擊線，以及河岸後方深層次配置的蘇聯防禦工事，都被倫德斯特南方集團軍北翼的偵察小隊查清了情況。六月清晨的薄霧中，北方集團軍計畫只進行最小程度的砲火準備，就向蘇聯工事發起攻擊，這樣地面和空中的指揮就可以選擇戰區

內的特定目標─包括橋樑、信號中心和無線電臺─以便於德國空軍定位。

「世界屏住呼吸」

六月十九日後，德國的U型潛艇開始出港，就戰鬥位置；波羅的海的德國軍艦開始布雷。六月二十一日十三時，所有集團軍總部接到命令，巴巴羅沙行動按計畫開始。周六當天的下午，一架待命的傳令飛機從希特勒新的總部：東普魯士拉斯登堡的狼窩帶走了他寫給墨索里尼的信。在信中，希特勒對墨索里尼宣稱他做出了「我一生中最難的決定」，他還列出了巴巴羅沙行動的要點。其他的郵遞飛機也已帶著希特勒開戰前夜的訊息飛向各部隊，一旦連隊、砲手及特別部隊集結，就會向他們宣讀。在這一信件中，希特勒首次在明確士兵們任務的命令中把他們稱為「東線的士兵

←1941年6月，一艘德國機械化攻擊艇高速穿過聶曼河。中央集團軍行動一開始就要穿越聶曼河（北）和布格河（南），但由於蘇聯的抵抗較弱，德國很快就在兩條河的東岸建立起據點。

們」。他們將接受最大的一次任務。希特勒宣稱：「世界將屏住呼吸。」這一點都不誇張。從沒有一個國家集結這樣龐大一支軍隊來發動軍事作戰。超過三百萬人被部署到蘇聯的西部邊境，共計有三千三百三十輛戰車、六十萬輛其他車輛，超過七千門火砲，二千七百七十架飛機及七十五萬匹馬。

強大的德國陸軍正處於巔峰，信心十足：在不到兩年的時間，它以旋風般的速度戰勝了波蘭、挪威、丹麥、荷蘭、比利時、盧森堡、法國、南斯拉夫以及希臘。另一方面，此次任務的艱鉅，不得不讓人冷靜，蘇聯的面積占地球面積約六分之一，人口估計有兩億，是德國的兩倍多。蘇聯的溫度和地形也非常極端。無論如何，希特勒及陸軍最高統帥部的大部分人依然預測戰爭會很快結束。他們相信巴巴

羅沙行動不會超過十個星期。由於策劃者堅信短暫的夏天就能勝利，因此只為三分之一的進攻部隊訂製了冬衣。

六月二十一日的形勢報告指出蘇聯的部署和行動沒有大的變化。布蘭登堡團（Brandenburgers）和及其他特務團，在許多情況下身著俄羅斯軍裝，悄悄地越過前線。他們中的許多人說俄語，任務是前去破壞電廠和通信中心，並在進攻前占領關鍵橋樑。他們的效率極高。例如，蘇聯第4軍團的指揮所在審問完一名德國叛國者後得知了德國即將進攻的詳細訊息，馬上開始向上呈報。但情報不可能送達目的地，因為電話線已經被破壞。

德國的飛機掛滿炸彈，飛進夜空中，飛向蘇聯邊境。在地面上，步兵們看著斯圖卡俯衝轟炸機的尾燈和德國戰鬥機向東方的目標飛

↓巴巴羅沙行動第一天，德國步兵在進攻中。薄弱的蘇聯前線防禦被德國最初的火砲彈幕射擊摧毀，這使得德國大量的裝甲兵和步兵得以向前推進。右側的士兵攜帶的是7.92公厘的MG34中型機槍。

←由於紅軍的空軍在進
攻第一天就被大量摧毀
在地面上，德國空軍的
日常任務又轉回對地面
部隊的支援。轟炸機和
俯衝轟炸機以敵方的通
信為目標，圖中在斯特
雷河上的特別大橋被蘇
軍摧毀，試圖阻止納粹
的前進。

去，消失在視野中（德國空軍的策劃者計畫在二十二日拂曉攻擊蘇聯的機場及其他目標）。

　　東部的陸軍保持著無線電靜默，但剛過六月二十二日的午夜，更高層的總部就開始發送戰備等級的呼叫信號。夏天短暫的夜晚即將過去，各進攻師中的砲兵及支援單位集中火力對準所有目標，充當先鋒的戰車也蓄勢待發。就在德國進攻部隊等待爆發的時刻，午夜剛過，柏林至莫斯科快車駛過鐵軌橋，像平常一樣駛向布勒斯特－里托夫斯克（Brest-Litovsk）。

　　雖然這是一年中夜晚最短的一天，但對於集結在蘇聯邊境上的德國部隊來說，一九四一年六月二十二日星期天的拂曉似乎漫無止境。他們在野地和樹林中等待著。士兵們受到前幾次勝利的鼓舞，非常有理由與他們的領導分享喜悅。隨著時間滴嗒滴嗒地走過，現代軍事史

上最大規模也最血腥的戰役開始了，成群一直未眠的士兵們喝著特別配給的白蘭地和他們從法國帶來的頂級香檳，慶祝勝利。這些士兵們沒有想過，一百二十九年前，幾乎也是在這一天，拿破崙命中註定的羅馬軍團也是跨過聶曼河（Niemen）向莫斯科進攻。不久，隨著第一縷陽光從東邊的天空

↓巴巴羅沙行動前幾天
被德國繳獲的蘇軍3英
寸師野戰砲。這些武器
可以追溯到沙皇時期，
但1930年進行了改良，
砲管被加長，增加射
程。改進後就成為76公
厘03/30型師級火砲。
這些火砲的大部分在
1941年夏天損失掉。

→在城鎮，德國飛機精確地轟炸了鐵路線、車站、煉油廠、公路和軍營。容克88地面攻擊機、亨克爾He111轟炸機和多尼爾D017轟炸機深入蘇聯境內搜尋目標，特別是鐵路、橋樑和供應倉庫。

↓城市中心受到德國空軍轟炸機多波攻擊後情況。轟炸的結果是平民財產的大規模破壞和人員的大量傷亡。給民眾造成恐怖心理也是閃擊戰必不可少的一部分，希特勒在東線作戰的思想尤為如此。

射來，重型火砲的火焰和砲聲以及飛機引擎的轟鳴聲宣布巴巴羅沙行動的開始。

一九四一年六月二十二日凌晨三時十五分，歷史上前所未有的大規模持續地面戰爆發了。數千門火砲突然的砲擊，燒焦了白色的清晨，宣布了巴巴羅沙行動的開始。在蘇聯的戰鬥，預示德國陸軍的絕對勝利，同時了見證了不可想像的殘忍，雙方都不懷有絲毫的憐憫。

第三帝國的軍事和政治精英─黨衛軍發起了一場類似宗教的、優等民族與劣等民族間的鬥爭，以征服納粹最為蔑視的猶太人、斯拉夫人及布爾什維克分子，為德國人提供生存空間。

從喀爾巴阡山（Carpathian）到波羅的海，整個德國的前線在短暫的火砲攻擊後，跨過分界線向前推進。在地面部隊的頭頂，成百上千架轟炸機和戰鬥機飛過邊境，深入俄羅斯境內，攻擊邊境以東三百二十公里（二百英里）的蘇聯機場和部隊集結地。緊接著，裝甲車兩邊帶著重要的簡便油桶和補給，開始向前推進。在戰役開始的幾個小時，一名戰地記者隨南方集團軍前進，他這樣描述道：「精疲力竭的戰車冒出藍煙。空氣中瀰漫著刺鼻的藍色煙霧，混合著草地潮濕的綠色和穀物的金黃色。斯圖卡式轟炸機轟鳴著劃出弧線，下面是行進的

戰車隊列，就像是用鉛筆在摩爾達維亞平原（Moldavian plain）上畫出的線條。

攻擊開始後不久，中央集團軍就傳來了好消息。在中路，中央集團軍前進到了布格河，它自一九三九年以來就是德蘇間的分界線。蘇聯前線部隊拚命地試圖得到來自最高統帥部的命令，努力在德軍猛烈的攻擊下集結起來，但他們的反擊根本沒有協調，砲兵的火力非常弱，似乎也沒有計畫進行有組織的防禦和撤退。這使得布格河上的大部分橋樑完好地落入德國人手中。

蘇聯對進攻缺乏準備的程序非常讓人吃驚，尤其是德國長時間和大規模的計畫不可能逃過蘇聯領導人的注意。

不管在甚麼地方，俄羅斯軍隊都要在當地進行抵抗了，戰術的突然性已經達成，兩側都被包圍了。人們只能推測這是史達林的認識問題了。他是否認為波蘭和東普魯士大規模的軍隊調動僅僅是政治示威？他是不是太遲認識到德國的危險？不管是甚麼原因，結果是他的前線部隊被有系統地分割殲滅。只有在布勒斯特—里托夫斯克要塞和該市北部野戰工事中的蘇聯士兵進行了頑強地抵抗，但四天後要塞被德國留下攻堅的一個師占領。

中央集團軍南翼在布格河的主力渡河行動被拖延到六月二十六日，這對第2裝甲兵團的部署造成了負面影響，造成了這一地區的擁堵。這一重要渡河行動的時間表被

↓蘇聯的鐵路貨車和野戰砲存放點被德國空軍的猛烈襲擊摧毀。德軍空軍在巴巴羅沙行動初期的戰果非常高。例如，空2軍，從6月22日到9月9日，摧毀了三百五十六列火車，十四座橋樑和許多集結的部隊。

推翻。先是交通警察無法處理擁堵。摩托化部隊不得不轉向南面，朝匆忙架設布格河上的突擊橋前進。這些中央集團軍被拖延的部隊，原計畫對明斯克（Minsk）主方向上的敵軍進行大範圍的包圍。堵在畢亞里斯托克（Bialystok）地區的俄羅斯軍隊，只能由第4、第5軍團形成的較短的鉗形包圍圈來攻擊。六月二十三日，空中偵察報告大量敵軍從畢亞里斯托克地區向東撤退。一連串問題湧向了中央集團軍的司令波克，蘇聯人這麼快就克服了組織的失控？蘇聯最高統帥部是否重新取得了指揮權？是否想要撤出部隊以避免被包圍的風險？是否要重新奪回行動的自由？蘇聯軍隊不斷增加的抵抗進一步讓波克相信蘇聯明顯將進行他所懷疑的大

撤退。他擔心蘇聯強大的分遣隊可能會在德國完成明斯克附近的包圍圈前，逃進別烈津河（Berezina）周圍的沼澤中。因此，六月二十三日晚，他決定命令推進最遠的第3裝甲兵團，立即占領波理姆斯克（Polatsk）杜維納河與維切布斯克（Vitebsk）的交叉口，以即時阻止敵人在杜維納河建立新防線。

明斯克附近鉗形攻勢的北面可以安全地交給第9軍團。但是，在與德國陸軍最高司令部交換觀點時，最高司令部認為第3裝甲兵團這樣深入且孤立地穿插不但沒有任何優勢，還要面臨不必要的風險。最高司令部堅持按原計畫在明斯克附近聯合兩個裝甲兵團。而後續的發展證明這是一個正確的決定。六月二十四日兩個裝甲兵團的先頭部

←德國騎兵在燃燒的俄羅斯村莊中。人們錯誤地認為德國陸軍在二次大戰中已經完全機械化。事實上，德國80%的機動力要依靠馬匹。在巴巴沙行動初期，德國陸軍進入蘇聯時有七十五萬匹馬。

隊到達南邊的斯洛尼姆（Slonim）和北邊的威諾（Wilno）。

第4和第9軍團一直向東插入較深，兩軍逐漸各自向北和向南偏轉，形成一個陷阱並包圍被德國戰車從兩翼圍住的蘇軍。蘇軍以分散、不能相互協調的小單位作戰，明顯沒有統一的指揮，一邊抵抗一邊零散地撤退。一些紅軍消失在該地區廣闊的森林中，只在德軍前進之後，才出現在德軍的後方。這就造成一連串的遭遇戰，日夜不停，給雙方都造成不小的損失。

一次又一次，俄羅斯的部分軍隊成功地從包圍圈最寬的缺口處向東突圍，並未全軍覆沒。儘管德國

←一個德國步兵班在燃燒的俄羅斯村莊中走動。雖然是裝甲兵打響了巴巴沙戰役，但主要的戰鬥任務還是由步兵來完成。步兵要負責掃清數不清的村莊，以及解決裝甲師包圍的蘇軍。

總司令部的觀點，認為這樣的戰術無法阻止有計畫的包圍和殲滅蘇軍的主力。但是形成從畢亞里斯托克到明斯克的大口袋變得非常困難。

最初的計畫因此也很快改變為依照目前形勢來進行。舊的計畫靠的是裝甲部隊的速度。裝甲部隊的確打散了進攻線上的蘇軍，並切斷了他們與後方的通信。但是他們無法不停地穿插以便於在環形口袋處形成堅固的包圍圈。

裝甲兵團希望步兵部隊能完成這一工作，但步兵盡一切力量也無法跟上。車輛比步兵行進得快。另外，包圍圈縮小所需的時間比預期想的要長，尤其是當裝甲部隊加入時。結果是步兵與戰車間的缺口越來越大，在明斯克，東邊的包圍圈封口非常薄。敵軍很快發現了這個弱點，組織強大的兵力試圖從沃

爾科維斯克（Volkovysk）和斯洛尼姆突圍。在沃爾科維斯克他們成功了。因此，部分在明斯克推進，部分在第聶伯河推進的第2裝甲兵團，其左翼延伸過長的後方通信線受到威脅。由於步兵意外地被極差的道路所阻，加上敵軍在包圍圈邊緣的抵抗，使得衝動的古德林與謹慎的第4軍團指揮官克魯格（von Kluge）之間矛盾突顯。波克期望的是明斯克到第聶伯河和杜維納河，他支持古德林。

黨衛軍在俄羅斯

除了黨衛軍警察師之外，所有黨衛軍在戰役的最初幾天都在陸軍司令部的指揮之下（黨衛軍警察師最早八月初加入戰鬥）。主要推進行動中漏過的俄羅斯軍隊，由黨衛軍全國領袖（Reichsfuhrer-

→進攻軍隊把巴巴羅沙行動推遲到6月末的一個好處是，夏天的高溫降低了河流和小溪的水位。這樣一來，河流就可以很容易的渡過，而小溪，如圖，就只是微不足道的障礙。作為預防，許多德國戰車都安裝了涉水裝備。

←7月的第一個星期，德國步兵用充氣艇渡過斯特雷河，背景中大橋在燃燒。在巴巴羅沙行動的開始時，俄羅斯人開始用火遲滯德軍。這些可能會非常有效。1941年7月，盧加河邊松林的大火幾乎消滅一個德國旅的指揮所。

SS）希姆萊（Heinrich Himmler）的黨衛軍全國指揮所統帥本部（Kommandostab RFSS）的兩個旅——黨衛軍步兵1旅和黨衛軍騎兵旅處理。這兩個旅被立即部署到前線的後方。六月二十七日，警衛旗隊師的一萬零七百九十六人離開集結區投入戰鬥，加入第1裝甲兵團的預備隊。當七月一日該師渡過維斯杜拉河（Vistula）到達扎莫希奇鎮（Zamosc）西南時，首次戰鬥開始。

　　第1裝甲兵團的鉗形運動這時已深入蘇聯境內很遠，馬肯森（von Mackensen）的第3裝甲軍已經到達羅夫諾（Rovno）也做過。東線黨衛軍的首要任務是重新建立與馬肯森部隊的聯繫。摩托化警衛旗隊師立即投入戰鬥。德國前方的部隊很快就遭遇了蘇聯戰車。當進入密集的森林地區後，蘇軍兩輛戰車遇到了一支黨衛軍部

隊，誤把他們當成了正在撤退的蘇軍。夜幕降臨時，這支黨衛軍部隊在克雷凡（Klevan）外稍作停留。蘇聯戰車乘員意識到這個危險，立即離開，藉著黑夜的掩護迅速消失在黑暗中。克雷凡很快被占領，推進無情的繼續。警衛旗隊（Leibstandarte）偵察營的一個小組在克雷凡鎮以東幾公里的地方，發現一輛沾滿鮮血的無人救護車旁放著一門丟棄的德國榴彈砲。在幾

↓渡河並打掉蘇聯的防禦工事是步兵和前鋒部隊的任務。一些德軍的班要用槳悄悄地渡河，其他一些人還要游過河。機械化的艦艇只有衝鋒時才用。用這種方式，德軍渡過了聶曼河、布格河、普魯斯河、拉里夫河、普裡佩特河和聶斯特河。

↑一個步兵班在巴巴羅沙行動開始時渡河。德國陸軍當時的戰術目標是把蘇軍包括在第伯聶河至杜維納河之中，阻止他們撤向縱深。進攻的重點在普裡佩特大沼澤北部；南部的目標是基輔。

百公尺遠的地方，他們發現了幾具德國士兵的屍體，屍體被毀壞而且手還被帶刺的鐵絲綁住。暴行與反暴行的戰爭開始了。

即使這些情況沒有發生，黨衛軍還是會在東線犯下暴行，這都是希特勒對「亞洲布爾什維克」進行「十字軍東征」的指引。特別是黨衛軍的士兵被多次教育稱，蘇聯人

是下等人，他們的意識形態與國家社會主義是對立的。在這樣泯滅人性的指導下，黨衛軍的士兵對於所犯下的罪行並沒有感到罪惡感也沒有同情心，德國軍隊也是如此，只是程度稍小一些。因此，隨著戰爭在東線的進展，意識形態觀點的負面影響變得明顯起來：殺害平民，射殺俘虜以及大規模的財產破壞。沒有人對於敵人的平和反應感到驚訝。

在莫斯科，史達林開始認為攻擊僅僅是挑釁，但德國的全面進攻明顯已經開始後，他簽署了第二號令，任命朱可夫為總參謀長，並命令所有軍隊盡全力，各自使用任何方式攻擊敵人，把他們消滅在侵犯蘇聯領土的地方。第二點命令空軍攻擊敵人的飛機和部隊集結地，就像德軍在進攻行動之初對史達林軍隊所進行的攻擊一樣。命令是六月二十二日七時十五分簽署的，但之

→德國步兵的士氣很高，正向東往蘇聯前進。步兵有時一天要行進70公里（44英里），以保持與裝甲部隊的聯繫。但是戰車先進的速度是80公里／小時（50英里／小時），德國陸軍最高司令部擔心他們會失去步兵的支援。

←一位德國軍官和他的
下屬休息中為其後代留
下了參加巴巴羅沙行動
的記錄。進攻的第一天
德國人取得了巨大戰
果。6月24日北方集團
軍占領了考納斯和維爾
拿，第二天第1裝甲兵
團占領了原屬波蘭的盧
茨克和登布羅。

後幾天的情況證明這道命令是多麼
的空洞。

紅軍的災難

　　開始進攻僅十六個小時後，德
國就打亂了蘇聯的兩個方面軍：西
北方面軍和西部方面軍，把第11軍
團粉碎在兩個方面軍的結合部，重
創第8軍團的左翼及第3軍團的右
翼。其他噩耗也不斷傳來：第4軍
團被打垮，在西線中央的第10軍團
面臨著兩翼的風險。最初蘇聯的部
署對德國的幫助非常大；例如在中
央集團軍的部分，三個蘇聯機械化
軍團被部署在突出的開闊地域，輕
易就被德軍圍殲了。

　　在戰場上，蘇聯指揮官奮力的
組織部隊。任何勝利所面對的障礙
都是巨大的。應該為地面部隊提供
掩護的飛機在地面上就被德國空軍

炸毀；火砲因為運輸能力的不足而
無法機動；戰車和卡車都受到燃料
短缺的影響；糟糕的組織讓許多部
隊都飽受彈藥缺乏的痛苦。

　　蘇聯總參謀部在六月二十二日
從莫斯科簽發了首份作戰簡報。中

←伴隨三個集團軍的是
黨衛軍的部隊。雖然與
陸軍在參戰的人數上相
差甚遠，但黨衛軍全國
領袖希姆萊軍團在意識
形態上對這場戰役的狂
熱，彌補了他們在數量
上的弱勢。

→「在整個戰線上都對敵人達成了戰術的突然性。在沿整個布格河的前線上,所有的渡過布格的旅都沒有遇到抵抗……敵軍都是在營地被俘虜的,這明顯證明敵人毫無準備。」(德國陸軍最高司令部司令哈爾德)

↓儘管德軍在前線取得了勝利,但他們也注意到與以前在西線作戰的不同。6月23日,哈爾德抱怨說:「沒有任何大批的俘虜。」蘇軍寧願戰鬥至死也不投降。

間的措辭很不切實際:「在當天的午後,隨著紅軍野戰軍先頭部隊的到達,大部分邊境線上的德軍進攻被打退,敵軍遭到嚴重損失。」隨著一天天過去,紅軍的損失非常明顯:各師在六月初的實力都在一萬至一萬二千人,而到七月則下降到不到六千人。大量的燃料、彈藥和物資庫存被奪或被毀,戰場的損失造成武器短缺現象變得極其普遍,

無論是通用還是特種彈藥都嚴重供應不足。另外,戰車和飛機的損失數以千計,有的在敵軍進攻中被毀,有的是被丟棄。

事實上,紅軍指揮官的戰術由於受到莫斯科進攻命令的干擾,也是德國第一階段取得勝利的原因。例如,在南方,前線指揮官科普諾斯(M. P. Kirponos)當部隊到達前線後就立即投入戰鬥。蘇聯的戰車乘員被德國空軍騷擾得筋疲力盡,根本無法和克萊斯特的第1裝甲兵團經驗豐富的戰車乘員相比。許多俄羅斯的戰車直接開進埋伏中,或者還沒有與敵人接觸就被擊毀。但是,除了浪費人員的生命和車輛外,科普諾斯的確給敵人造成一定的損失,哈爾德曾寫道:「敵人在南方集團軍一線的領導非常積極,他們不間斷的側翼和前線攻擊讓我們損失很大。」

對於德國來說,儘管敵軍部隊

←巴巴羅沙行動第一天被俘的蘇聯戰俘。這期間德軍見識了蘇聯士兵非常喜歡採用假投降。蘇聯的小隊和個人經常搖著白旗舉著雙手接近德軍，然後近距離向德軍開火。

在毫無倖存的希望時，也要進行令人費解的抵抗，寧願戰鬥也不投降，但是巴巴羅沙行動還是在取得重大的戰果。在北方，曼斯坦（Manstein）的56裝甲軍在四天內令人吃驚地推進了二百九十六公里（一百八十五英里），而古德林的裝甲兵團僅僅在七天內就覆蓋了布勒斯特一里托夫斯克到博布魯伊斯克（Bobruysk）共四百三十二公里（二百七十英里）。到七月中旬，整個東線的形勢對德國極為有利：

↓一支被棄的蘇聯補給縱隊。紅軍被德軍進攻的速度和高強度打垮。巴巴羅沙行動開始後十六小時，中央集團軍就撕碎了西北和西部防線的結合處，使第3和第11軍團陷入混亂。

→被毀的蘇聯戰爭物資。紅軍戰術在戰爭的初期就是拚命抵抗：6月25日，第100步槍師部署到明斯克西北，以阻止中央集團軍的裝甲兵。但該師沒有火砲，很快被消滅了。兩天後，德軍在明斯克圍殲了三個蘇聯軍團。

三個集團軍已經取得的戰果足以讓陸軍取得戰役的勝利。在南方，德國的先頭部隊已達到了通向基輔的道路；在北方第4裝甲兵團已經建立了穿越盧加河（Luga）河的橋頭堡，取得了通向列寧格勒的大門；在中路，中央集團軍離莫斯科只有三百一十公里（一百九十四英里）。這時，希特勒的豪賭似乎已經成功。

但是，帶著絕對信心穿過蘇聯邊境的德國軍隊，發現他們這片外國的領土廣漠無垠，令人驚訝。北方大片的森林像叢林一樣難以穿越。比整個德國還大的沼澤阻礙部隊的前進。在南方，起伏的烏克蘭大平原四周都望不到邊。廣闊的俄羅斯似乎可以把整個德軍吞沒。同

→隨著第一批蘇聯城鎮淪陷，共產主義的標誌被移走和銷毀。在開始巴巴羅沙行動前，希特勒告訴哈爾德：蘇聯沒有簽署海牙公約，因此沒有必要受到德軍士兵的人道待遇。

→另一個共產主義雕像被移走。許多蘇聯人把德國人當成解放者，但很快就認識到納粹制度的真面目。希特勒認為俄羅斯人只能是像奴隸服務德國，只能接受「雅利安人」無情的統治。他說：「目前，他們還不會閱讀，他們就應該保持這樣。」

樣的回擊似乎也沒有終結。儘管在
戰役的前兩個星期蘇聯就有五十萬
人陣亡或受傷而退出戰鬥，但蘇聯
一直從兵員源源不斷的預備隊中調
人補充。

　　偉大的軍事理論家約米尼
（Antoine Jomini）對一八一二年
拿破崙進攻俄羅斯的前夜是這樣評
論的：「俄羅斯是一個容易進入的
國家，但非常難出來。」隨著德國
和軸心國軍隊進入俄羅斯境內越來
越深入，巴巴羅沙行動似乎驗證了
這一名言。德國已經敲開了大門，
但上層結構還沒有被打垮。

↓1941年，德國陸軍野
戰砲，StuG III型突擊
砲和驅逐戰車，反戰車
砲在俄羅斯。7月初，
巴巴羅沙行動的第一階
段結束。北方集團軍粉
碎了杜維納河的橋頭
堡，中央集團軍推進到
了斯摩稜斯克。

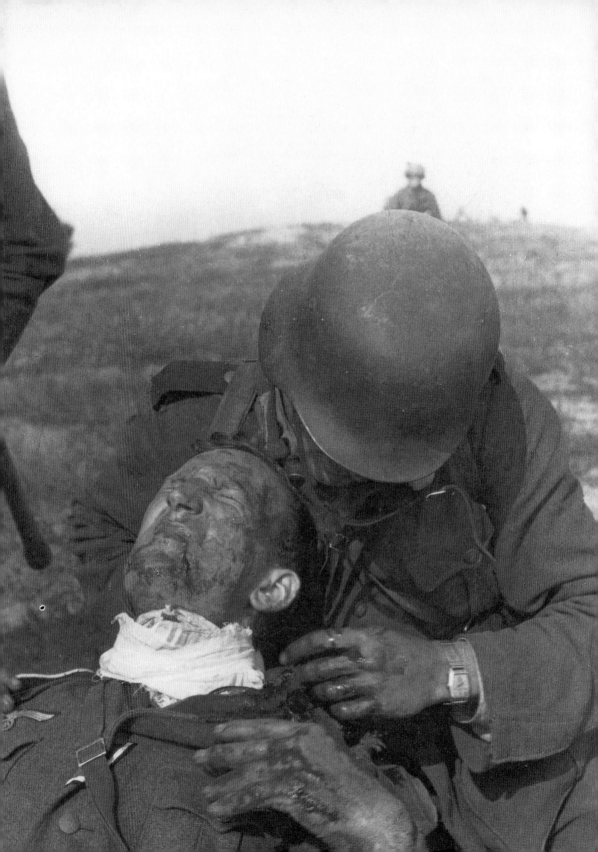

第三章
古德林的裝甲兵

中央集團軍的兩個裝甲兵團掌握著對蘇戰爭的關鍵，古德林認為裝甲兵是裝甲戰爭的主角，但他會被賦予利用戰果的自由嗎？

俄羅斯輸掉了「邊境上的戰鬥」。現在波克的中央集團軍可以開始向斯摩稜斯克長途奔襲，直插入白俄羅斯。德國人對於包圍明斯克和斯摩稜斯克很有信心。這一目標的決定性因素在於第2和第3裝甲兵團的表現，它們分別由古德林和霍斯（Hermann Hoth）指揮。特別是古德林，性格剛愎卻充滿激情，他將證明在良好的指揮下，裝甲部隊實際能取得甚麼樣的戰果。

中央集團軍的最初計畫是展開兩個緊密關聯的包圍作戰。首先是由第4和第9軍團圍殲畢亞里斯托克市附近的敵軍。然後，第4和第9軍團在兩支裝甲兵團組成的先頭部隊的帶領下，包圍明斯克以東一百六十多公里（一百英里）的敵軍師，阻止蘇軍撤向縱深的企圖。這樣，中央集團軍預計可摧毀三十六個蘇軍師，包括十個裝甲單位。

在攻擊的最初幾天，這個依賴裝甲兵速度的計畫，摧毀了德軍攻擊線上的蘇軍與後方的通訊。但是在他們不停地向前推進過程中，德軍無法建立起堅固的包圍圈。德軍需要比預計更多的時間來解決從主要攻擊線上撤下的蘇軍。隨著戰車的推進，出現的情況是步兵與裝甲部隊間的空隙越來越大。一些較弱的點很快就會被蘇聯人發現，一旦實力較強的部隊要從斯洛尼姆和沃爾科維斯克突圍，通常都能取得成功。

部分向明斯克推進，部分向第聶伯河推進的第2裝甲兵團發現戰線過度延長的左翼受到威脅，通信線處於危險之中。這時第4軍團司令克魯格和衝動的古德林產生了分歧，因為道路出人意料地糟糕，加上包圍圈邊緣的戰鬥非常激烈，拖延了步兵。從第聶伯河到杜維納河，波克與古德林持相同的觀點。對於希特勒，明斯克包圍圈看上去太大了，因此波克的兩個裝甲兵團被限制在明斯克地區。

但是為了加入第4步兵軍團，支持在沃爾科維斯克地區以東更遠處形成的包圍圈，第2裝甲兵團不情願地把部分部隊派往斯洛尼姆。此時（六月二十五日），在包圍圈北面的第9軍團包圍部隊比東南面的第4軍團實力要強。當蘇軍查明包圍圈後，他們發現了弱點並試圖突圍，一時第4軍團的數個軍陷入嚴重的困境中。六月二十五日，德軍陸軍最高司令部堅持加大包圍圈北面的第9軍團，和南面的第4軍團製造的壓力。從開始的畢亞里斯托克市周邊再到沃爾科維斯克，殘酷

←德軍在前線戰鬥中一名陣亡士兵。德國陸軍對傷亡戰士都有補貼。陸軍預計1941年6月至8月有二十七萬五千人傷亡。在戰場補充營裡就有與之數量相當的補充兵員。戰場補充集團軍可以補充預計的損失。

↑巴巴羅沙行動中，中央集團軍的步兵乘坐一輛三號戰車。中央集團軍寄予了最大的希望。它擁有兩個裝甲兵團一共九個裝甲師，比與之對抗的蘇軍要強大。而且兩個裝甲兵團的指揮官古德林和霍斯都是相當老練的專家。

的戰鬥製造出數個破碎的小包圍圈，但沒有形成一個整體的大包圍圈。

　　戰役這一階段中，蘇軍的抵抗正變成德國人的興奮劑。蘇軍並不像西歐軍隊那樣作戰。他們利用沒有路的森林滲透德國的防線，並且自給率很高。他們自己養活自己（因此補給被德軍切斷似乎與他們無關）。但最讓人吃驚的是，當他們的彈藥用完時，蘇聯士兵從不畏懼採取肉搏。

　　在明斯克，六月二十八日沃爾科維斯克東側包圍圈合圍之前，大量的紅軍部隊通過狹窄的通道向東北滲透到Novogrudok。但是他們發現六月二十九日自己又陷入包圍之中。同一天在明斯克附近，第2

裝甲兵團的先頭部隊，與前一天到達並苦戰後的第3裝甲兵團部分軍力會合。在六月末，主要由第3裝甲兵團擊退了蘇聯新補充戰車部隊，從東面發起的進攻。這批蘇聯部隊拚命地想幫助被德軍包圍的蘇軍。

　　這兩個裝甲兵團的主要任務於六月二十八日達成，儘管在他們後方第4和第9軍團仍在盡力清理包圍圈。在畢亞里斯托克市和沃爾科維斯克的戰鬥一直持續到六月三十日左右。這一勝利讓許多德國步兵部隊得以向前推進，將裝甲兵團從明斯克附近的包圍作戰中解脫出來。蘇聯第3、第10和第13軍團都在這兩個包圍圈中被消滅，共損失約四十一萬七千人。德國繳獲了三千三

百三十二輛戰車，一千八百零九門
火砲和二百五十架飛機。落後的步
兵又一次狠狠地考驗了德國裝甲指
揮官向前推進的焦急心情。部分戰
車部隊不得不被留在明斯克另一邊
月牙形包圍圈的前方，有時長達整
整一個星期。儘管被迫在崎嶇泥濘
的道路上強行軍，但步兵無法保持
需要的速度。

　　明斯克之役是紅軍的災難。西
部方面軍已經不存在有組織的軍事
單位。（戰前蘇聯的動員計畫是把
陸軍師分配到蘇聯西部的各個軍
區；當戰爭爆發後這些軍區就成為
五個被稱為方面軍的總部－大致
與德國的集團軍相當。）這樣的
災難只能激起史達林的怒火，這
位蘇聯領導人開始進行嚴厲的處
罰。前線指揮官巴甫洛夫（D. G.
Pavlov）被捕並槍斃。提摩盛科元
帥（Marshal Timoshenko）受命指
揮西部方面軍剩餘的部隊。

　　在較低的級別上，明斯克的失

敗見證了紅軍士兵作戰的變化。前
幾次戰鬥造成的疲勞以及士氣的低
下，再加上彈藥和其他補給品的短
缺，蘇聯軍隊此時更傾向於投降：
在明斯克蘇聯有超過三十萬人被俘
虜。無論如何，大量的蘇聯部隊到
達了相對安全的森林中，在這裡他
們自己組成游擊隊。當游擊戰在戰
爭後期變得越來越普通，它帶來了
非常好的騷擾效果。中央集團軍不
得不動用部分前線預備師以清剿後
方的地區，因為德國沒有足夠的安
全師來完成這項任務。但是，即使
是在前線的德軍也只能在反游擊任
務中取得部分成功。

　　蘇聯從包圍圈中突圍的企圖並

↑古德林將軍，「裝甲
師之父」。在兩次世界
大戰之間的時間裡，他
專注於研究機械化運輸
的軍事應用1938年時成
為希特勒的裝甲部隊將
官。巴巴羅沙行動中，
他任第2裝甲兵團的指
揮官。戰鬥中也取得節
節勝利，一直推進到莫
斯科的大門。

←古德林的裝甲部隊向
東前進。由於德國空軍
掌握制空權，第2航空
軍團作為古德林的支援
分隊，摧毀了將大部分
蘇聯飛機摧毀在地面
上。德國戰車得以任意
馳騁。第2裝甲兵團在
戰役開始的前七天就從
布勒斯特－里托夫斯
克推進到博布魯伊斯
克，約432公里（270英
里）。

↑中央集團軍司令波克（右二）與三位下屬在巴巴羅沙行動初期商議，其中包括第3裝甲兵團指揮官霍斯（右）。

不複雜並且計劃週密，這與先前完全不一樣。德軍不斷地受到自殺性的衝鋒，經常是在同一地點重複多次，沒有火砲支援來壓制有壕溝掩護的機槍陣地。這樣進攻的動機似乎來自於對蘇聯指揮官和政委批評以及被司令部懲罰的恐懼，也部分因為政委擔心被捕立即會被槍斃（這一點他們是有理由的）。另外，毫無疑問，政委的警告讓大部分紅軍士兵相信他們如果被捕立即會被處決。雖然德國前線部隊通常不會處決他們的戰俘，但政委，共產黨員或猶太人會立即被槍斃。不幸的是，在遭受了可怕的損失後（在戰爭的這一時期估計每死亡一名德軍士兵，會有約二十九名紅軍士兵被殺），到達戰線上的蘇聯部隊都會受到審問，有時會被內政人民委員會（NKVD,Peoples Commisariat of Internal Affairs）逮捕和槍決。

在畢亞里斯托克市和明斯克失敗後，蘇聯前線的中間部分完全暴露。開始，俄羅斯的部隊被發現越過第聶伯河向東撤退，但德國陸軍最高司令部幾天前認知到蘇聯已決定不會進行任何向國內縱深的大撤退。從六月二十九日開始，德軍的空中偵察報告證實大規模的蘇聯從斯摩稜斯克由公路和鐵路向西機動。對於德國人來說，很明顯新的防線沿第聶伯河與杜維納河，兩條河之間已經建起了橋樑。這證明蘇

聯參謀長提摩盛科元帥已經重新牢牢掌握指揮控制權。

他手頭的部隊只是表面上看似強大，有七個軍團，但僅有二百輛戰車和三百八十九架飛機來重建正面。他的前線命令要求在波洛茨克（Polotsk）「加強防禦區」建立長期的防禦，以阻止向東和向北突破，整個「加強防禦區」包括西杜維納河、森諾（Senno）、奧爾沙（Orsha）以及第聶伯河。新的命令得到了紅軍最高指揮部的批准。（紅軍最高指揮部由提摩盛科任主席，成員包括史達林、莫洛托夫（Molotov）和大部分高層蘇聯指揮官）。

在中央集團軍的總部中，蘇軍的機動被認為爭取時間建立第聶伯河防線的證據。如果是這樣，波克六月二十三日的擔心就不是幻覺。這可以解釋為甚麼他和他的戰車指揮官非常熱衷於毫不遲疑地向第聶伯河和杜維納河推進，以及為甚麼他們出於長期目標，而非常不願意參與包圍的作戰。在戰術作戰上，時間是極為重要的。每天的損失都在幫助紅軍贏得時間，調動預備隊以及在第聶伯河和杜維納河建立新的防線。突破新防線要消耗掉更多的寶貴時間，給德軍造成不必要的損失，影響到戰役第一個大目標的實現——奧爾沙、斯摩稜斯克、維切布斯克（Vitebsk）：這些都是進攻莫斯科不可缺少的關鍵地區。另外，如果進攻的動力能夠保持，蘇聯人力後備隊就意義全無，因為中央集團軍在進行戰役級機動時速

度極快處於壓倒性的優勢地位，蘇軍就不能以空間換取時間來組織預備隊。

從一開始，德國的戰場指揮官就把目光鎖定第聶伯河與杜維納河，他們讓兩個裝甲兵團的大部分兵力向東移動，不參加包圍圈周邊的戰鬥。這些決定現在證明是完全正確的。七月初，中央集團軍處於向東進行下一步推進的起點。在右翼，德軍只遇到很少的抵抗，第2裝甲兵團的一個軍渡過了貝爾齊納河，到達了羅加契夫（Rogachev）附近的第聶伯河。在北翼，另一個軍到達了鮑里索夫（Borisov）附

↑在戰役開始時，蘇聯步兵幾乎沒有武器可以擊穿三號和四號戰車。他們的反戰車步槍不起作用，47公厘反戰車砲仍要等待大量裝備。因此裝甲兵推進速度非常快－有時一天可以推進80公里（50英里）。

↓三號戰車、半履帶車和反戰車砲組成的部隊在推進中。第3裝甲兵團的裝甲兵從蘇聯西北方面軍與西部方面軍的分界線中穿過。6月26日，西部方面軍指揮官巴甫洛夫向史達林報告「無法抵擋德軍。」

↑前進中的德國裝甲部隊（左邊的戰車是四號戰車）。裝甲師輕鬆擊退了蘇聯最初的反擊，因此蘇聯的進攻缺少掩護、協調以及後勤支援。第6騎兵軍團（約一萬三千人）向格羅德諾進攻，結果傷亡過半，大部分是在空襲中損失的。

近的貝爾齊納河。德軍經過艱苦戰鬥後，建立了通向斯摩稜斯克道路上的橋頭堡。在明斯克包圍圈的前線，其他的軍團仍在等待步兵能夠跟上減輕他們的負擔。沒有參加明斯克包圍圈的第4軍團部分兵力正向貝爾齊納河推進，但在距離二百

公里（一百二十五英里）時，他們很難在一星期內到達目標（在荒野中沿公路的強行軍耗盡了人和牲畜的體力）。

在普里皮特沼澤的邊緣，中央集團軍南翼的最末端，第24軍團的第1騎兵師負責長長的側翼，並向沼澤中派出了偵察巡邏小隊。蘇軍相對較強的部隊正在普里皮特河南岸巧妙得作戰，給南方集團軍的第6軍團造成了巨大的損失。

同時，第3裝甲兵團向波洛茨克附近的杜維納河突進，而北方集團軍的南翼已經渡過了都格衛琵爾（Daugvapils）附近的河流。第9軍團率領大量步兵沿著第3裝甲兵團的履帶痕跡前進（該集團軍到杜維納河的距離要比第4軍團到第聶

→在畢亞里斯托克和明斯克的圍殲戰中，德軍將傷員送上菲施勒Fi 156白鸛飛機。規模如此大的包圍戰動用了德國兩個兵團，以及第4和第9軍團，俘虜了三十二萬四千名戰俘，繳獲三千三百三十二輛戰車和一千八百零九門火砲。蘇聯第3、第10和第13軍團被殲。

伯河短很多）。

　　在這一時期，蘇聯飛機的數量被德國情報部門低估了，但這沒有影響到德國空軍占據俄羅斯天空的制空權或保持優勢。德國先進的飛機加上訓練有素的飛機員給蘇軍造成了巨大的損失：僅六月二十九日一天，德國空軍就打下二百架蘇聯飛機。嚴重的補給問題也沒有出現。明斯克地區的斯魯茨克（Slutsk）和莫洛傑齊諾（Molodechno）都先期建立了物資庫存。對鐵路進行歐陸規格的改造也完成到了巴拉諾維奇（Baranowice）。

　　德國陸軍司令布勞希奇和波克在六月二十六日就開始討論下一階段戰役的戰略。他們兩人都同意不能把時間浪費在攻擊斯摩稜斯克周邊的蘇軍而影響到對莫斯科的突擊。布勞希奇提出一項更好地利用高速機動裝甲部隊的措施，即組建兩支裝甲兵團，由克魯格指揮。波克對此非常疑慮，這主要是基於古德林和克魯格的任性，但波克的反對沒有引起布勞希奇注意而被否決。布勞希奇命令新的調整要在七月三日完成。之前的第4軍團最高司令部被改名為第4裝甲兵團最高司令部級別介於中央集團軍司令部與第2、第3裝甲兵團司令部之間。第4軍團的單位由新的第2軍團最高

↑倫貝格的市民熱烈歡迎德國陸軍。該市於1941年6月30日占領被中央集團軍占領。同一天，德國空軍JG 51中隊的戰鬥機飛行員（梅塞施密特Bf 109型戰鬥機）擊落了一百架攻擊明斯克以東德國地面部隊的蘇聯轟炸機。

↑德國37公厘反戰車砲擊中滿是塵土的平原。37公厘Pak 35/36反戰車砲初速762公尺／秒（2500英尺／秒），射程500公尺（1640英尺），可以垂直穿透48公厘（1.9英寸）的裝甲或36公厘（1.4英寸）厚的30度斜裝甲。在蘇聯這一武器對T-34戰車不起作用。

司令部指揮，司令為魏克斯。

新的目標

　　中央集團軍七月一日接到了新的命令，並下發到各個下屬司令部。新的第4裝甲兵團軍七月三日進入陣地，準備向莫斯科突擊。第2裝甲兵團的目標也是莫斯科，他們將從羅加契夫到奧爾沙一線強渡第聶伯河。之後，其先頭部隊沿明斯克至莫斯科的公路，占

領地斯拉河（Desna）的葉利尼亞（Yelnya）高地。

　　第3裝甲兵團將繞過貝爾齊納河的沼澤，沿著波洛茨克和維切布斯克之間的杜維納河突入斯摩棱斯克的北部地區。第2和第9軍團將以最快的速度跟隨快速機動部隊並派出前線機動分隊予以支援。占領奧爾沙─維切布斯克的「陸上橋樑」是兩支軍團的關鍵。與德軍空軍的合作將一如既往。第2軍團和第2裝甲兵團將由第2航空軍提供支援，第9軍團和第3裝甲兵團由第8航空軍（Fliegerkorps）支援。

　　此時，雖然突然性已經無法達成：七月三日，第4裝甲兵團的首日攻擊就在河道遇到了頑強的抵抗。在外圍，橋頭堡最終在第聶伯河的羅加契夫和杜維納河的波洛茨克建立起來。蘇聯在兩者間的貝爾齊納河進行堅決抵抗，並在鮑里索夫附近展開了密集的行動。德國空

→某蘇聯陣地正遭到德國空軍毀滅性的打擊。在巴巴羅沙行動期間超過一半的德國空軍作戰力量在蘇聯作戰。在之前的閃擊戰中，德軍的快速推進要求大量的戰鬥機和戰鬥轟炸機中隊提供空中掩護和支援。

←一輛被擊毀的蘇聯T-26輕型戰車。在巴巴羅沙行動的開始階段，紅軍投入了二萬四千輛戰車，與德國戰車的數量比是7：1。但是蘇聯戰車乘員訓練不足，指揮系統落後。T-26戰車是1941年蘇聯最常見的戰車，重38噸，與德國的一號、二號型戰車性能相當。

軍的空中偵察報告說更多的蘇聯部隊正從後方趕來，德國由此推斷紅軍正試圖以河流為屏障以抵擋德軍。由斯摩稜斯克到莫斯科的途徑，似乎肯定會慢慢停下來。波克首度面臨非常緊急且兩難境地。第4裝甲兵團軍的攻擊是否應獨立繼續，或是等待第2和第9軍團到達後再繼續？最快的幾個師最早也要一個星期才能到。配有火砲的前進之隊在早期可以提供小規模的支援，但也無法彌補大規模部隊到達前損失的時間。

　　波克在得到克魯格的同意後立即行動，命令分散的第2裝甲兵團向穆基來夫（Mogilev）的另一邊集中，然後向穆基來夫和鮑里索夫發起強大的攻勢。第3裝甲兵團並不讓他太擔心，因為該兵團推進的距離比較短，可以隨時得到第9軍團師團的支援。雖然大雨讓道路泥濘不堪，拖延了部隊的集結，但是在波洛茨克東邊奮力作戰的第3裝

甲兵團，仍然能夠粉碎蘇軍在杜維納河的防線，並於七月九日占領維切布斯克（Vitebsk）。這是一場重要的勝利，軍團和集團軍的參謀為抓住機會，決定把作戰的先頭部隊派向北翼，將部分兵力從第2裝甲兵團轉移到第3裝甲兵團。這一

←另一輛被擊毀的T-26戰車。該型主要設計用於對步兵提供支援。1941年6月蘇聯65%的輕型戰車需要大修，從這裡就可以看出蘇聯裝甲部隊的狀況。許多蘇聯輕型戰車在到達前線之前就已損壞。

↑古德林（中左）和霍斯（右），中央集團軍驚人推進速度的創造者。古德林一直特別鍾情於向東推進，這使他與希特勒產生矛盾。他在日記中寫道：「希特勒想讓裝甲部隊停下來，去對付畢亞里斯托克周邊的蘇軍。」

想法因為惡劣的天氣和道路條件而被放棄了。七月十至十一日，第2裝甲兵團成功渡過史塔里‧布里霍夫（Stary Brykhov）和什克洛夫（Shklov）的穆基來夫一側的第聶伯河，上述的轉移也就沒有必要了。

空中力量——關鍵因素

德國空軍的制空權對德國陸軍非常地重要，它對紅軍的行動有決定性的影響。七月六日提摩盛科組織第39裝甲軍兩翼向奧爾沙北部發起進攻。蘇聯第5和第7機械化軍各

投入三百和四百輛戰車，在沒有空中掩護和防空火砲，且燃料和彈藥補給不足的情況下向森諾前進，遭遇了德國的第17和第18裝甲師。戰車戰開始後，德國空軍的俯衝式轟炸機向蘇聯車輛發起了進攻—摧毀了蘇聯的兩個軍團。

七月十三日，德國在兩翼取得突破，就此開始了斯摩稜斯克的包圍戰。奧爾沙至斯摩稜斯克的公路，大大的幫助德國的裝甲前鋒部隊。第3裝甲兵團的一個師從西北推進至斯摩稜斯克—莫斯科的公路，並於七月五日在亞瑟佛（Yartsevo）把道路截斷。第二天，第3裝甲兵團的一個師對斯摩稜斯克發動突擊，並占領了這座城市。這意味著約三十萬蘇軍被攔截在奧爾沙和斯摩稜斯克之間。德國又一次完成了一個大包圍圈，並著手進行殲滅戰。

與以往一樣，蘇聯為阻止悲劇發生進行了英雄式的拚死抵抗，但沒有絲毫效果。七月十日逃出明斯克包圍圈的第13軍團殘餘部隊，企圖在穆基來夫附近攔阻古德林的第2裝甲兵團。在沒有裝甲部隊的情況下，他們在莫比列夫（Mobilev）被圍困了兩個星期，直到被消滅。蘇聯第19軍團的人員七月十一日至十三日剛從火車上跳下就投入了奪回維切布斯克前突陣地的作戰中。到七月十三日夜，整支軍團被德軍消滅。

七月十七日，第2裝甲兵團把第47軍留下了斯摩稜斯克包圍圈了南邊，並派出第46軍到達葉利尼

亞（Yelnya）另一端的地斯拉河，
第24軍到克里切夫（Krichev）另
一端的索日河（Sozh）。同時，
第3裝甲兵團的第39和57軍組成
了伏擊圈的北面部分，向亞瑟佛
（Yartsevo）／涅韋爾一線作戰。
裝甲部隊比突擊明斯克時顯得更加
的魯莽，他們草草處理威脅到德軍
側翼的蘇軍，在穆基來夫附近留下
了六到七個蘇軍師，而維切布斯克
東北面留下了其他三或四個師。另
外，有數個蘇軍編隊部署在涅韋爾
河的兩岸，大約共有十個師。

　　有命令讓德軍等待第2和第9軍
團步兵部隊的到達，這兩支軍團都
負責處理兩翼的蘇軍，並殲滅斯摩
稜斯克的巨大包圍圈。但是，由於
先前的幾個包圍圈沒有處理完，他
們不可能消滅整個斯摩稜斯克包圍
圈內的敵軍，而且第聶伯河複雜的
河谷中還留有一個小的缺口。古德
林負責這一部分，他試圖用火砲和
空襲來封鎖這個缺口。但是敵軍仍

↑一輛四號戰車在行進
中。這是1941年6月德
軍中服役的最重型戰
車。巴巴羅沙行動開始
時德國一共擁有四百五
十輛這種戰車。該型戰
車配備75公厘短膛砲，
共五名乘員，主砲是低
速榴彈砲，主要用於攻
擊士兵，提供火力支
援。

可以從這裡向東滲透。集團軍要求
古德林與第3裝甲兵團實現完全的
結合，他回答說由於任務過多，他
沒有足夠戰車來實現這一要求。事
實上，古德林並沒有興趣填補這一
缺口，他更傾向於繼續向東突擊，
建立進攻莫斯科的跳板。但是，七
月二十日，當古德林在葉利尼亞
（Yelnya）附近建立起渡過地斯拉
河的橋頭堡時，波克插手進來，提
醒古德林他的優先任務是封鎖斯摩
稜斯克的缺口。這一任務直到七月

←三號戰車是巴巴羅沙
行動中德國裝甲部隊的
主力。部分該型戰車配
備了37公厘火砲，部分
配備了火力更強的50公
厘火砲。三支集團軍開
始巴巴羅沙行動時共有
一千四百四十輛三號戰
車。速度40公里／小時
（25英里／小時）時，
該型戰車的平均公路
行程175公里（109英
里）。

→布勒斯特－里托夫斯克附近的某個蘇聯堡壘在火砲的砲擊之下。中央集團軍的前進沒有被蘇軍布勒斯特－里托夫斯克要塞阻擋，只是延緩了一周，進行了重要的布格河渡河行動。但是，波克留下了一個師與蘇聯周旋，其他部隊在更南面的地方建立了替代渡口。

二十七日才完成，直到八月五日斯摩稜斯克包圍圈中的蘇軍才被消滅。自七月十日以來，德軍共俘獲三十一萬名戰俘、三千二百零五輛戰車和三千一百二十六門火砲。蘇聯第16軍團全部以及第19第20軍團的部分被殲滅。緩慢關閉的缺口被用來運輸補給而不是撤退，因此造成了如此大的損失和抵抗。

德國第4裝甲兵團軍快速機動部隊鬆散的前線形成了一個長約八百公里（五百英里）的弧形，第2和第9軍團向其提供支援。中央集團軍第一主要目標已經在奧爾沙—斯摩稜斯克—維切布斯克「陸上橋樑」作戰中達成了。蘇軍在廣闊的前線遭到了殲滅和打擊，他們在第聶伯河和杜維納河建立起來的新防線也被擊破。從七月中旬起，德國參謀感覺到了蘇聯前線新的作戰序列，或集團軍，提摩盛科擔任了西部方面軍的指揮，與中央集團軍對抗。

很明顯，新的蘇聯司令顯示出堅定的決心和精神。如果說蘇聯從損失六個軍團中得到甚麼，那就是蘇聯的犧牲至少給了蘇聯最高統帥部時間，從其巨大的人力庫中組建新的、臨時的軍隊投入到前線中。現在，主要在推進中的中央集團軍南北兩翼以及與其鄰近集團軍的結合部出現了戰鬥。在南面，從戈梅利（Gomel）地區蘇聯第21軍團率八個師於七月十五日渡過羅加契夫附近的第聶伯河發起進攻。同時，從普里皮特沼澤，一支騎兵部隊從莫濟里（Mozyr）向貝爾齊納河（Berezina）河上的博布魯伊斯克（Bobruysk）前進。這兩支部隊的目標是德國第2軍團的南翼。

太多的任務

蘇軍在幾天的作戰後停頓下來，但三支德國軍繼續在該地區作戰。中央集團軍的南翼受阻在第聶伯河。這一停頓，加上南方集團軍

北翼的發展，日後對於德國最高司
令部的戰略決策起了很大的作用。
德國第2軍團另一個軍的任務是消
滅紅軍在穆基來夫的集結點，共計
約六個師。這一目標七月二十七日
成功完成。

　　同時，魏克斯（Weichs）只有
兩個陸軍軍團可派去加強第2裝甲
兵團的前線。在北面，第9軍團的
步兵師比預想更早到達了杜維納
河，這樣就保證了與北方集團軍的
緊密聯繫，形勢比南方要好很多。
第9軍團為占領波洛茨克的要塞必
須打敗強大的敵軍，進攻於七月十
六日開始。儘管如此，該集團軍仍
然能夠及時派出三支軍團幫助斯摩
棱斯克包圍圈的戰鬥。敵人在涅韋
爾（Nevel）有部隊七月二十四日
被消滅。在盧基（Velikie Luki）南
面，第3裝甲兵團的右翼遇到蘇聯
第22軍團的頑強抵抗而受阻。

　　隨著蘇聯軍團和提摩盛科方
面軍的特別部隊投入戰鬥，德國
從葉利尼亞（Yelnya）到亞瑟佛
（Yartsevo）和白比姆（Belyy）的
前線都受到了嚴重的壓力。此時，
葉利尼亞的地斯拉河橋頭堡成為焦
點，損失了大量的物資和人力。
黨衛軍「帝國」師被部署到這一
地區。該師一位士兵呂爾（Heidi
Ruehl）事後回憶這場戰鬥時稱：
「砲手們瘋狂地工作，最終擊退了
蘇聯戰車的第一波攻擊，但是重新
開始的進攻更加猛烈，我們的摩托
化營承受了很大的壓力……由於損
失慘重，摩托化營不得不退出戰
鬥，由一支東普魯士兵營代替。在

他們的幫助下，我們阻止了蘇聯的
前進，雖然是暫時的。不久砲彈開
始短缺，我們只能射擊特定的目
標。」

　　七月下旬中央集團軍發現自己
在多處地點處於防守之中。而且，
裝甲指揮官不得不考慮作戰力量的
嚴重下降：百分之四十至五十的裝
甲部隊，百分之二十的車輛，以及
百分之五十的戰車磨損。在部隊中
也出現的精疲力竭的現象，自從六
月開始進攻以來，他們一直在戰

↓蘇聯步兵趴在地上等
待德國人出現。在巴巴
羅沙行動期間，德國指
揮官報告稱紅軍使用人
海戰術，由於戰役早期
紅軍內部指揮與控制的
許多問題，毫無協調的
戰鬥讓蘇軍遇到嚴重的
損失。

→第3裝甲兵團的第7裝甲師萊珂。「明斯克在鉗形行動中被包圍；第一個包圍圈合攏，俘虜了大量的戰俘。我們的步兵異常艱辛，讓我們覺得愧對他們。步兵以步行追擊蘇軍，處理被包圍的俄羅斯人。」

↓裝甲兵是閃擊戰的前鋒部隊，但持續的前進需要卡車運送備件和其他必須補給品。令人驚訝的是，德國沒有生產軍用車輛的計畫，所以陸軍的需求都靠徵用和沒收。

鬥，沒有休息過。意料之外的危機也出現在補給系統。工程師們竭力將蘇聯的鐵路改造成歐洲標準，但這些鐵路經常出現問題。

必需要進行休整了。德軍認為休整十四天可以讓步兵師到達前線，之後裝甲部隊就可以退出進行修理及裝備新的行動。配給及其他補給可以同時得到補充。當然，休整期對紅軍也同樣可貴，他們有時間可以重建防線。

紅軍的狀態

雖然在人員經驗上完全處於弱勢，而且前線的大部分幹部只能見機行事，但是紅軍沒有被打敗。紅軍仍然在調動所有的潛在人力來投入戰鬥。

蘇聯對中央集團軍前線的拚死攻擊，以及所有蘇聯行動中體現出來的力量和仇恨，都清楚地顯示出蘇聯領導人阻止德國近一步向斯摩稜斯克以東推進的決心。他們清楚地意識到這一方向上威脅首都莫斯科及祖國的危險。對蘇軍來說，德國領導人正確地猜測到最強大的蘇軍集結在這一區域。他們下決心要在這裡快速結束整個東線的戰役。

這一階段的巴巴羅沙行動中，德國戰略計畫的制定，開始出現緊張的跡象，並且開始檢驗為甚麼有

必要回到七月初的狀態。在這一時期，蘇聯最高統帥部對德軍意圖的理解為莫斯科是德軍的主要目標。因此蘇軍決定集結主力部隊對抗德軍的中央集團軍，在戰鬥中，他們不僅可以為莫斯科提供保護，還可以限制德國南北兩路強攻的機會。首先，蘇軍可以使德軍中央集團軍不得不保留一定兵力在中線，德軍南北兩集團的兵力就會受限；其次，德軍在南北任何向縱深穿插的企圖，都會在側翼面臨強大的蘇軍。如果這樣，蘇聯就可以對暴露的德軍側翼及結合部發動逆襲。

紅軍的任務

如果紅軍堅持住，這並不是一個不合理的計畫—因為從西進入俄羅斯的德軍就像從煙斗柄走出去一樣。他們越向東前進，戰線就會拉得越長，各部分之間的缺口就會越大。另外，因為德軍的戰略本質上

↑德國軍官：「沒有水，只有汗水在眼皮下被蒸乾。潮濕的襯衫粘在身上。連、營及團在突破後重新集結，現在又繼續前進……但是天氣很熱，是極熱。沒有水只有血在流動。」

就是透過投送前線機動部隊達成深入的包圍，裝甲師和摩托化步兵師在前線衝擊的速度是八十公里／小時（五十英里／小時），而跟隨其後的步兵部隊速度是五‧六公里／小時（三‧五英里／小時），這兩者之間的缺口無法避免。因此德軍在推進時趨向於把部隊分散為先頭部隊和主力，蘇聯最高統帥部的任務就是把他們相互切斷。蘇聯最高統帥部明顯掌握了問題的本質。問

←陸軍可以用繳獲和徵用的卡車、馬車以及私人車輛滿足運輸需求，就是沒有標準的貨車。但是德國人很快發現車輛按西歐良好公路製造的車輛在蘇聯道路上磨損十分嚴重。

→閃擊戰要求機動步兵跟上裝甲並一起作戰。圖是一輛SdKfz 251裝甲人員運輸車，它有良好的越野性能，但維護比較麻煩。1941年時每個裝甲師都有兩個配備這種車輛的摩托化步槍團。

題是，在前線作戰中進行了嚴酷戰鬥後，紅軍士兵能否完成所需的任務。

任務太重？

　　七月十日蘇聯第15和第16軍團的攻擊，是為了切斷德國第1裝甲兵團的先頭部隊與第16軍團的主

→德國部隊路過一個丟棄的蘇聯KV-2重型攻擊戰車。該戰車配有152公厘的榴彈砲和100公厘的（4英寸）裝甲，設計用於摧毀重型強化碉堡。但是，它的速度太慢，目標太大，而且還不可靠。因此，1941年時三百三十四輛戰車中的大部分損失殆盡。

力。蘇聯第15軍團在德軍中央集團軍和南方集團軍之間的缺口外作戰，對抗克萊斯特裝甲部隊的北翼，蘇聯第10軍團計畫攻擊其南翼。這次的行動失敗了，但它給德國人造成了嚴重的危機。而且這次的失敗並沒有解除蘇聯第15軍團對德軍的威脅，它只是退回了發動進攻前的戰線。這次的行動顯示出紅軍仍然有很強的力量。類似的情況也出現在東線的其他地方。在某些地方，蘇聯的抵抗以令人吃驚的速度消失，但在許多地方紅軍被包圍的部隊顯示出無畏的突圍願望，但無論如何蘇軍都遭受了巨大的損失。

　　德國陸軍的許多高級將領，總司令布勞希奇、陸軍總參謀長哈爾德、以及南方集團軍司令倫德斯特都反對進攻蘇聯。他們相信任何進攻要取得勝利，紅軍的主力部隊就要在向東退回第聶伯河之前被消滅。

這一決定緊接著帶來許多問題。它要求快速包圍大規模的部隊,大包圍圈就意味著會在邊緣留下較大的缺口,紅軍就可以從這裡突圍出去。為了達成這樣的包圍圈而不留缺口,裝甲部隊不得不停止下來直到步兵跟上。另一個替代方案是組織數個較小的包圍圈,但這樣又會讓大量的紅軍可以自由地組織抵抗。

事實是這一任務對於德國的軍事資源來說太大了,但此時還不明顯。對於古德林這樣的裝甲指揮官來說,這些問題不是最重要的。自六月二十二日起,裝甲師就證明他們在向東推進時,可以從側翼包圍並打敗消滅整個蘇聯軍團。這兩支裝甲兵團推進得非常快,他們粉碎了沿途蘇聯部隊的指揮與控制。電線線被切斷,蘇聯指揮官失去了與部隊的聯繫。例如,六月二十五日,第7裝甲師在莫斯科與明斯克

之間公路的兩邊,切斷了這些城市間的鐵路線和電話幹線。另外,白俄羅斯首府與蘇聯之間的主要通信和運輸網絡也被第7裝甲師切斷。

除了領土上的戰績外,古德林的裝甲部隊還取得了另一大戰果。在許多方面這一戰果更重要:這是心理上的勝利。紅軍在作戰的速度、猛烈程度以及範圍上無法與德國人相比。向部隊下達的抵抗「至最後一彈」的命令就可以證明這一

↑斯摩稜斯克包圍圈中的蘇軍。德國兩個裝甲兵團又一次取得了重大的勝利。三十一萬名俘虜,三千二百零輛戰車和三千一百二十門火砲被俘或被消滅。根據希特勒的命令,共產黨官員當場擊斃,而受傷或生病的俘虜被認定為「無用的人」。

←1941年7月中旬,四號中型支援戰車向前推進進攻蘇軍。在巴巴羅沙行動的這一階段,德國陸軍共有十萬二千四百八十八人死亡、受傷或失蹤。雖然數量很大,但只是6月22日行動總人數的百分之三。

點，從所有方向上過多毫無協調的進攻幾乎總是以德軍的屠殺而結束。對古德林來說，取得最終勝利所需的就是保持無情的進攻—目標莫斯科。

但是，希特勒開始顯露出傾向在占領莫斯科和列寧格勒之前占領烏克蘭。無論如何，他七月八日聲稱他要把莫斯科和列寧格勒夷為平地—他認為這通過飛機就可以完成，不需要地面行動。第2裝甲兵團位於中央集團軍的南翼，應繼續向東的推進。這樣如果中央集團軍部分兵力必需要轉向南方莫斯科方面，進攻莫斯科的方向可以得到掩護。希特勒就可以隱藏其意圖。

同一天，哈爾德向希特勒呈遞了一份非常樂觀的情報評估，聲稱一百六十四個已知的蘇軍師中有八十九個已經被消滅，剩餘的之中有十八個師在第二，十一個情況不清，只有四十六個師仍有戰鬥力。

雖然很滿意這一數據，但希特勒仍在考慮占領基輔以及向第聶伯河西岸推進。布勞希奇對此提出反對，他認為這一目標不可能實現，因為補給上存在困難。希特勒做出讓步，基輔的敵軍實力應首先查明。此時，這一問題被交給倫德斯特解決。儘管出色的德國人取得了不小的戰線，但棘手的蘇聯第15軍團仍在科羅斯登（Korosten），成為蘇聯在中央集團軍與南方集團軍之間突入德控區的一個楔子。它的存在繼續讓德國無法拿下基輔。問題總要解決，七月十七日希特勒把

→諷刺的是成千蘇聯戰俘開始還把德國人當作解放者表示歡迎。但是納粹的種族政策沒有把戰俘作為士兵反對蘇聯。相反的，成百上千的戰俘被當作奴隸或直接餓死。

←德國150公厘標準中
型野戰榴彈砲在斯摩稜
斯克包圍圈邊緣做準
備。德國火砲在戰爭早
期由團組織而不是師,
因此其作用是支援步
兵。德國陸軍最高指揮
部只是在需要時簡單地
召集砲兵。

這一問題提了出來。

　　希特勒把目光緊盯基輔,歷史學家和蘇聯專家格蘭茨(David M.Glantz)說:「希特勒開始尋找那些在冬天到來前仍然可以取勝的目標,這樣可以讓世界相信德國事實上取得了勝利。他特別關注占領蘇聯的工業和糧食產區,以及把蘇聯人趕到羅馬尼亞油田的轟炸機航程之外。因此,他繼續堅持占領莫斯科遠沒有奪取列寧格勒的工業以及烏克蘭的工農業核心區重要。」

　　結果是七月十九日德國國防軍最高統帥部33號令命令第2裝甲兵團和第2軍團的步兵在完成斯摩稜斯克的包圍戰後,轉向東南,消滅蘇聯第21軍團(該軍在中央集團軍的右翼),之後再與南方集團軍合作摧毀蘇聯第15軍團。同時,南方集團軍的中路進攻將穿過蘇聯第16和第20軍團的後方,並將其消滅。中央集團軍保留的裝甲部隊(第3裝甲兵團)將向東北移動,協助北方集團軍。向莫斯科的進軍則繼續由中央集團軍的步兵部隊完成。

　　這一決定相當於放棄對中線蘇軍主力的決定性行動,希特勒拯救了莫斯科前方的大量紅軍。蘇軍在西北和西南的潰敗迫使紅軍繼續撤退,但是在中線再也沒有大的包圍。

　　兩天後,希特勒首次視察東線的軍隊,他出現在北方集團軍的總部,解釋了他的決定。希特勒認為儘快拿下列寧格勒非常必要,這可以阻止蘇聯波羅的海艦隊干擾由瑞典到德國的鐵礦運輸。第3裝甲兵團因此要切斷列寧格勒與莫斯科之間的鐵路線,協助北方集團軍阻止在這一地區的蘇軍調動。這一任務必須儘快完成,大約在五天之內。蘇聯的首都對希特勒沒有吸引力,他說:「莫斯科對我來說只是一個地理概念。」他相信「由於總的局

→1941年7月末，德國軍隊在地斯拉河。在戰役的這一階段，紅軍對中央集團軍發起攻擊。7月30日，蘇聯對地斯拉河上第2裝甲兵團的葉利尼亞橋頭堡發起了十三次進攻。

勢和斯拉夫人的不穩定性格」，列寧格勒的淪陷會使蘇聯的抵抗徹底潰敗。

計畫的改變

七月二十三日，希特勒、布勞希奇和哈爾德又一次召開會議。在會上，哈爾德報告紅軍目前對德作戰的有九十三個師，其中十三個師是裝甲師。沒有與會者提到一個事實，自哈爾德上次報告的十五天後，經過蘇聯最高統帥部艱苦而成功的努力後，蘇軍數量幾乎翻了一倍。但是，哈爾德在自己的日記中寫道，蘇聯的強烈抵抗開始帶來壓力。儘管希特勒二天前在談話說提到俄羅斯可能即將崩潰，但對話中也出現不確定的語調。哈爾德報告說德國步兵師的戰鬥力約有百分之八十，但裝甲師只有百分之五十；南方集團軍將在八月中旬渡過第聶伯河；莫斯科地區估計會遭遇強大的抵抗；北方集團軍的行動似乎將要失敗。

布勞希奇和哈爾德並不樂觀，他們寫了一份備忘錄，表達他們的觀點。只以步兵進攻莫斯科非常困難，可能會很快造成意料之外的結果，但是對莫斯科的決定性進攻需要第2和第3裝甲兵團，而這兩支裝甲兵團在九月初之前無法投入莫斯科的戰鬥中。因此，希特勒的計畫將使得蘇聯有一個月的時間來集結新的部隊，構建和占領新的防線。另外，莫斯科前方的大量蘇軍對德

↓一位德國士兵在斯摩稜斯克戰鬥期間觀察情況。提摩盛科向德國側翼發起攻擊時，六個蘇聯軍團參加了在斯摩稜斯克和葉利尼亞的戰鬥。蘇聯付出了巨大的血的代價：一些步槍師在戰時有一萬八千人，戰後只剩下二千人。

國其他集團軍的兩翼也構成威脅，因此只要莫斯科的蘇軍不離開，德國就不得不抽出部隊防守兩翼。對於從空中摧毀莫斯科的想法，德國空軍不可能在近期獲得前進基地，進行適當規模的進攻。

德軍陸軍最高司令部再次要求重新審查中央集團軍的任務，同時也承認還存在不清楚的決定性經濟因素（希特勒經常說他的將軍們不懂經濟）。通常德國陸軍最高司令部會按命令執行，但他們非常擔心可能的後果。蘇聯的目標明顯要拖延到冬季，如果蘇聯成功，德國就要在第二年的春季面對新的軍隊，而且不得不兩線開戰。這是德國一直希望避免的。德軍陸國最高司令部明確表示最好的解決辦法就是進攻莫斯科。蘇聯將不得不在莫斯科堅持戰鬥，這樣蘇軍就無法撤退。如果德國獲勝，就可以占領蘇聯的政府機構，重要的工業中心以及俄羅斯鐵路系統的心臟。俄羅斯就會被切成兩塊。這麼重要的目標必須優先於分割部分紅軍部隊的較小規模行動。

這份備忘錄非常堅決和具有說服力，儘管非常恭敬但將事情辯論地非常清楚。國防軍最高統帥部參謀長約德爾（Alfred Jodl）試圖要增強備忘錄的說服力。他提出因為蘇聯不得不堅持防守莫斯科，德國的進攻不過是表達了希特勒的格言—敵人的「行動部隊」在何處發現就必須在何處進攻。

但是，備忘錄一直沒有發出。甚至德國最高統帥部（German High Command）也在爭論德國是否能在後兩個月內占領蘇聯或把蘇聯削弱到滿意的程度。提摩盛科率領數支新組建的軍團在中央部位發起反擊，試圖解救在斯摩稜斯克被包圍的蘇軍。所有關於莫斯科、基輔和列寧格勒的觀點將放一段時

←一支運輸隊通過一座被毀橋樑旁的浮橋。德國空軍完美地摧毀了橋樑和鐵路，阻止了蘇聯向前線運輸後備隊，但陸軍工兵不得不建起臨時的橋樑方便閃擊戰的推進。

間，靈活的即興指揮成為目前的狀況。

俄羅斯的反擊沒有達成他們短期目標—從中央集團軍手中奪回主動權並解救被包圍的第16和第20軍團。俄羅斯部隊準備不充分，新的部隊行動分散，進行了太多無用的進攻。這也許是因為提摩盛科不清楚德國展開的程度，所以造成過高估計了莫斯科的危險。但是缺乏準備的進攻和大量出現的新部隊讓德國最高司令部認為蘇聯仍有更多的軍隊，這也牽制了德國的進攻。

蘇聯反擊的第一個戰果是七月二十七日在諾維‧伯里索夫（Novy Borisov）遭遇中央集團軍的各軍團指揮官。古德林到達時期望受命向莫斯科進發—至少是布里

安斯克（Bryansk）—但古德林接到布勞希奇的備忘錄明確排除了這兩個可能，並聲明第一優先重點是摧毀戈梅利地區的蘇軍，即蘇聯第15軍團。因為第15軍團繼續存在於德國主力的後方，使得德軍不得不回頭，從前方誘人的目標中抽出部分注意力出來。

古德林非常吃驚。他接到命令要求他掉頭向德國前進，消滅被他遠遠落下的蘇聯軍隊。古德林認為這些任務應該由步兵來完成。當然，布勞希奇僅僅是執行了希特勒在討論33號令時對於大型包圍圈的警告，但古德林並不知道這些，他只是從集團總部的軍官那兒得到一些零星的消息。

古德林懷疑是第4裝甲軍團司

↓三號戰車群在推進中停頓下來。在巴巴羅沙行動中，德國裝甲乘員變得熟悉蘇聯不尋常的反戰車戰術。這些戰術包括訓練狗背上炸藥包，跑到戰車下方。經過幾次驚嚇後，德國裝甲兵會射死所有跑近的狗。

令克魯格施加了影響。古德林一直不甘心做他的下屬。古德林不可能意識到討論的完整情況或所涉及的全部因素，他帶著受傷的自尊心離開了會議，稍給他安慰的是第2裝甲兵團被更名為古德林裝甲軍團，由波克直接指揮。

克魯格有些狡詐，在軍中被稱為「聰明的漢斯」（Khge Hans」），他不欣賞同事的忠心。古德林脫離了克魯格的制約，他任意地曲解在諾維‧伯里索夫接到的命令。他相信對中央集團軍的主要威脅不是後方的蘇聯第15軍團，而是在其右翼羅斯拉夫爾（Roslavl）北面集結的蘇軍，他還認為這些與希特勒目前做出的任何決定無關。

古德林認為的威脅是被蘇聯最高統帥部稱為「第28軍團部隊群」的一支部隊，由卡恰洛夫（Kachalov）指揮，任務是解救斯摩稜斯克被包圍的蘇軍。古德林向波克提議占領羅斯拉夫爾，理由是占領這裡可以控制向東、南和西南前進的道路（這樣就可以帶來許多繼續進攻的可能方案）。

必要的準備要花幾天時間，在這一期間古德林取得了幾次勝利。七月二十九日，希特勒的首席副官施蒙特（Schmundt）到訪。他表面上是為古德林的鐵十字勳章加上橡樹葉，實際是與古德林討論他的計畫。施指出，希特勒還沒有在列寧格勒、莫斯科和烏克蘭之間做出決定。

↑德國裝甲部隊從遠距離向德國空軍攻擊下的蘇聯陣地推進。注意戰車右側標記的十字標記。這種方法可以避免友軍誤擊事故。誤擊比紅軍空軍更具威脅，但紅軍空軍被削弱到只能在幾個地方向德國人扔釘子。

→輕型車輛和馬在通向莫斯科的路上。古德林的裝甲兵團包括第1騎兵師。該師參加在貝爾齊納河的戰鬥，在普里皮特沼澤巡邏以及在基輔圍殲戰時負責保護裝甲兵團的側翼。1941年11月3日該師解散。

不知道施蒙特（Schmundt）是過於慎重還是愚蠢，希特勒實際上已經表示他對莫斯科缺乏興趣。就在第二天希特勒就簽署了第三十四號令，命令中央集團軍停止推進轉為防守。

古德林利用這一機會直接對莫斯科發起了進攻，並把賭注押在新式戰車和戰車引擎上。三十一日，德國陸軍最高指揮部聯絡官布利多少校（von Bredow）報告說：「德國陸軍最高指揮部和總參謀長幹著吃力不討好的工作，因為所有行動的執行都由最高層控制。對未來事件的最終決定還沒有做出。」更簡單點說，這是對希特勒干涉的抱怨，默許邀請古德林通過目前和短期的行動來影響還未做出的決定。

→一名軍官帶領他的連隊穿過蘇聯城鎮的廢墟。撤退的蘇軍毫不猶豫地燒毀了自己城市和城鎮。這樣，他們幾乎完全毀掉了維切布斯克和斯摩稜斯克。所有可以被德國人使用的東西都被撤走或毀掉。

古德林認識到莫斯科的重要性正迅速從其頭腦中消失。他寫道：「希特勒將列寧格勒的工業區指定為他的首要目標。他沒有決定下一步進攻莫斯科或烏克蘭。他似乎傾向於後者，因為：南方集團軍似乎將在這一區域取得地面戰的勝利；希特勒相信烏克蘭的原材料和農產品是德國繼續進行戰爭所必須的。」

蘇聯第28軍團的進攻開始了，這簡直就是一場災難。古德林又一次展現對戰車戰的才能，他把蘇聯軍隊分割成幾塊。八月四日，第28軍團向蘇聯西部方面軍總發電：「第28軍團與優勢敵人作戰，被包圍在葉爾莫利諾（Yermolino）、薩莫迪迪諾（Samodidino）、萊斯

洛夫卡（Lyslovka）、斯胡拉托夫卡（Shkuratovka）和歐澤爾亞維諾（Ozeryavino）。軍團向東南方向突圍，一個兵團穿過羅斯拉夫爾，另一個向東。任務是要突破奧斯特河（Oster）。軍團損失亦慘重，已不適合戰鬥。要求給予空中支援，尤其是戰鬥機。」

擊敗卡恰洛夫的部隊後（卡恰洛夫本人在戰鬥中陣亡），古德林繼續發起攻擊，在不到一個星期內，他沿戈梅利—布里安斯克—莫斯科鐵路線切入，到達了斯塔羅杜布（Starodub）和波喬普（Pochep）。

德國的這些戰果讓史達林警覺，他命令新的布里安斯克方面軍司令耶里曼科（Yeremenko）消滅

↑巴巴羅沙行動中，德國人不斷被蘇聯留下的破壞景象所嚇呆。第7裝甲師的萊珂在占領斯摩稜斯克後說道：「斯摩稜斯克看上去就像被遺棄了。對工業區和第伯聶河橋樑的破壞非常嚴重。」

古德林的裝甲兵團。為這一任務，耶里曼科準備了四支軍團：第50、第13、第3和第21軍團。但是許多部隊因為先前戰鬥的損失而力量不足。不管如何，耶里曼科至少還有充足的空軍資源可以支配：二百三十架轟炸機、一百七十九架戰鬥機和五十五架地面攻擊機。這些飛機構成了後備、中央和布里安斯克三個方面軍、第1後備航空群與長程轟炸機部隊一些單位的聯合空中打擊力量。

耶里曼科滿懷信心地發起攻擊，八天後他的部隊打到了地斯拉河。但是，德國的裝甲兵又一次顯示了他們的技術。蘇聯第3和第21軍團被分割開，後者被迫回到地斯拉河，與布里安斯克方面軍的主力部隊分開。九月初，蘇聯的布里安斯克方面軍與西南方面軍不但沒有消滅古德林，還被分割開。

儘管古德林取得了所有這些勝利，但他進攻莫斯科的要求還是被拒絕。八月二十三日，希特勒決定德國陸軍的主要目標不是莫斯科，而是列寧格勒和烏克蘭，雖然莫斯科離中央集團軍裝甲部隊最前線僅有三百二十公里（二百英里）。

古德林的裝甲部隊轉向南將給紅軍帶來一場最大的災難——基輔包圍圈，但這也有效的解救了莫斯科以及蘇聯的失敗。從巴巴羅沙行動開始，中央集團軍就證明它可以擊敗任何紅軍部隊。到七月三十一日，蘇聯在斯摩稜斯克戰役中失敗，所有其他包圍圈的戰鬥也已結束，蘇聯重新集結了後備部隊來保衛莫斯科。對德國來說，古德林裝甲兵團和第2軍團重新集結，準備向預想中的莫斯科中進發。蘇聯最高統帥部竭盡全力要拯救莫斯科，他們對德國的突出部發動了至少十

↓中央集團軍用馬拉火砲。雖然夏天是蘇聯境內最好的行動時間，但是乾燥的天氣使得任何動作都會引起塵土飛揚，隱藏變得非常困難。一個裝甲師行進時要覆蓋17.6平方公里（11平方英里）的面積，這會產生大量的塵土。

←很少有人意識到德國普通士兵在1941年夏天穿著的衣服太厚，不適合炎熱的天氣。這樣人容易出汗和口渴，沾上很多灰塵。更嚴重的是，滿是泥土的道路很快會把靴底磨壞。

三次完全沒有協調的裝甲和步兵攻擊。唯一讓德國人擔心的紅軍攻擊力量就是砲兵。但是所有攻擊都被輕而易舉地擊退。

保持進攻的動力讓德國人戰果不斷。第3裝甲兵團的第7裝甲師在巴巴羅沙行動開始後僅四天就向東推進了三百四十公里（二百一十二英里）。雖然部隊非常疲勞，許多車輛也需要維修，但德軍在與蘇軍交戰中只損失了少量的戰車和人員。四天後，由於在明斯克遭遇苦戰，這支德軍損失較重，但有時間修理車輛。維修的結果是有一百四十九輛戰車可以作戰。

未對侵略者造成傷亡的原因是蘇聯的裝備和訓練。前文就提到過，蘇聯的步兵戰術缺乏創造力；戰車戰術也非常拙劣。在東線作戰的裝甲軍團司令勞斯將軍

←StuG III突擊砲通過一個被放棄的蘇聯村莊。該突擊砲配有短身管75公厘火砲，最初用來為步兵提供支援。其視野是戰車的兩倍，而且輪廓很低，是完美的戰車殺手。

→1941年8月中旬，中央集團軍取得了一些令人驚訝的。但是從圖中的德國士兵可以看出，人和機械都到達了忍受的極限。他們是否能在秋天到來時占領莫斯科誰也不知道。

（Rauss）這樣評價蘇聯的戰車戰術：「單個戰車駕駛員的訓練不足；訓練期明顯太短，有經驗的駕駛員損失太多。蘇聯人總是避免讓戰車穿過山洞或沿反坡前進，他們喜歡沿頂部前進，這樣駕駛容易一些……因此，德國人大多數情況下可以從遠距離向蘇聯戰車開火，在開戰之前就給蘇軍造成損失。緩慢而不穩定的駕駛技術以及不斷的射擊中斷，讓蘇聯戰車成為理想的靶子。」

到一九四一年九月，裝甲部隊進攻莫斯科的條件非常好，有不錯的天氣，強大的空軍支援，敵人大部分是後備隊，幾乎沒有戰鬥經驗。取勝的機率應該很高。但是希特勒命令古德林轉向南面。而到了最終被允許進攻莫斯科時，戰略局勢已經向對德國不利的方向轉變。

第四章
目標列寧格勒

李布元帥的北方集團軍任務是從東普魯士向東推進，消滅波羅的海地區的紅軍部隊，
占領被希特勒視為布爾什維克搖籃的列寧格勒。

自一九四一年一月三十一日德國陸軍最高司令部簽署巴巴羅沙行動命令，北方集團軍接到了下列命令：「消滅在波羅的海戰區作戰的敵軍，占領波羅的海的港口，之後占領列寧格勒和克倫斯塔特，奪取蘇聯艦隊的基地。德國陸軍最高司令部負責保障其與中央集團軍強大快速機動部隊的及時合作。」

北方集團軍由李布元帥指揮，其分派的最初任務是推進八百公里（五百英里）。但是，之後這一距離增加了百分之五十，一直延伸到芬蘭灣。李布的部隊是三個集團軍中最小的：兩個步兵軍團和一個裝甲兵團。這些部隊包括：第16軍團（布希將軍），下轄八個步兵師；第18軍團（General von Kuchler），下轄七個步兵師；第4裝甲兵團赫普納將軍（Hoepner），下轄三個裝甲師，三個摩托化步兵師和兩個步兵師；

↓北方集團軍的步兵在向波羅的海推進的過程中搜索蘇聯士兵。最近處的士兵手拿9公厘MP40衝鋒鎗，這種鎗配備三十二發彈匣，射速為500發／分鐘，主要裝備機械化步兵單位。

→李布第4裝甲兵團的
司令赫普納將軍（中）
和41裝甲軍司令雷因哈
特（右）。赫普納的首
要任務是趕到杜加匹爾
下游的杜維納河，奪取
渡河口，以便進一步向
奧波奇卡推進。

↓與以往一樣，德國空
軍非常有效。海軍基地
是巴巴羅沙行動初始階
段的目標。圖中是蘇聯
「馬拉特」號戰艦在克
倫斯塔特海軍基地受到
空襲的照片，由斯圖卡
轟炸機中的照相機拍
攝。8月28日，德國陸
軍接近塔林市，蘇聯波
羅的海艦隊向列寧格勒
撤退。

以及集團軍預備隊（Army Group Reserve），下轄三個步兵師，支援第16軍團。因此，整個北方集團軍的兵力大約有二十個步兵師，三個裝甲師以及三個摩托化步兵師。

李布的部隊不僅是三個集團軍中規模最小的，而且他可能擔負的任務也最困難。蘇聯在新占領波

羅的海國家的部署，說明蘇聯已經開始縱深防禦，預備隊在蘇聯境內，裝甲部隊集中在普斯柯夫（Pskov）東面。雖然包圍的戰略看上去並不可行，但李布仍希望利用速度和機動粉碎和摧毀蘇聯的部隊。但是，這樣的戰略需要精確地把握時機，因此李布決定把裝甲部隊部署在戰線的中間，把裝甲兵團置於他的直接指揮之下。該裝甲兵團在兩個步兵軍團的中間前進，經杜加匹爾（Daugavpils）和普斯柯夫到達列寧格勒。

如果要在冬天來臨前到達列寧格勒，就不能分散任何兵力。這就意味著側翼的保護要依靠步兵部隊，而步兵也要利用裝甲部隊的推進來儘快占領陣地。

第16軍團位於南翼，進攻杜加匹爾，而第18軍團在左翼，沿波羅的海進攻立陶宛、拉脫維亞和愛沙

尼亞。

　　李布一九四一年五月五日，在他的第一份命令中強調了速度的重要性。他把列寧格勒作為行動的最終目標，寫道：「前進！不要停下。一旦敵人被擊垮，不要讓他們有恢復的機會。」北方集團軍的主要進攻來自位於東普魯士北面，其自身戰線的中部，指向杜加匹爾附近的杜維納河。第4裝甲兵團的第一目標是二百九十六公里（一百八十五英里）外的杜維納河，第二目標又向前越過二百四十八公里（一百五十五英里），到達奧斯托夫（Ostrov）—普斯柯夫地區。李布以給第4裝甲兵團的命令中寫道：「第4裝甲兵團將為全面快速向列寧格勒突襲，創造初步的條件。為達到最終目標，必須在時間空間允許的情況下盡一切可能向前推進，讓敵人沒有時間在作戰地區的縱深，建立新的防線。」

步兵的作用

　　由於步兵機動速度較慢，被用於消滅側翼蘇聯抵抗的主要中心點。因此，第16軍團受命占領考納斯（Kaunas），而第18軍團受命占領里加（Riga）。裝甲兵團的快速突破（相對於步兵較慢的進攻速度而言）至少需要充分利用奇襲的效果，才能完成進攻的任務。

　　杜加匹爾有兩座橋跨越杜維納河。它是第4裝甲兵團的首要目標，該兵團的右翼由第56裝甲軍負責。從起點到梅梅爾（Menel）南部的優勢在於距離較短，公路條件

也較好。第41裝甲軍在部隊前進方向的左翼，將通過向北進攻和向東北的杜維納河推進，實現行動自由。赫普納將軍一直掌握著推進方向的指揮權，以保持最為重要的前進速度。

　　一九四一年六月二十二日三時五分，第4裝甲兵團以及集團軍的剩餘部隊越過了東普魯士的邊界。蘇聯防禦德國北方集團軍的部隊本應被部署在縱深，但德國攻擊的速度和強度擊垮了蘇聯第11和第18軍團。另外，蘇聯部隊分散配置，使得李布的軍隊在各主要進攻點上都擁有兵力上的絕對優勢。第11軍團

↑德國最初的進攻全面取得勝利。第4裝甲兵團56裝甲軍司令曼斯坦聲稱，在最初的幾天裡，他部隊前進的非常迅速，根本沒有時間和人力來集中戰俘。

↓德國騎兵從被擊毀的蘇聯車輛殘骸前經過。紅軍在北方的抵抗非常失敗。41裝甲軍很輕易就繞過了蘇聯第3和第12機械化軍。這兩個軍在七天內就損失了百分之九十。

→步兵師無法跟上裝甲部隊。不管怎樣，他們緩慢的速度將蘇聯的注意力從德國裝甲先頭部隊轉移了過來。特別是56軍團的290步兵師，他們跟在第8裝甲師後面，受到紅軍多次的攻擊。

125師的結局就是個很好的例子：在德國發起進攻後的幾小時內，該師就損失了所有的戰車和大部分反戰車砲，手雷極缺也帶來了嚴重的後果。很快就被德國軍隊擊潰。

輕鬆前進

德軍遇到的蘇聯抵抗中唯一比較積極的是在陶拉格（Taurage）附近，但這一地區只有特殊警察的邊境部隊防守。到首個進攻日的傍晚，第56裝甲軍已經向東推進了五十九公里（三十七英里）。

蘇聯對進攻的反應很慢且優柔寡斷，雖然波羅的海特別軍區試圖快速發起反擊，但它地面部隊卻很難有效部署，因為蘇聯的飛機大部分在地面就被德國空軍摧毀了。

遭遇德軍的蘇聯軍隊都被打得粉碎。例如，在拉塞耐亞（Raseynyay），蘇聯前線部隊與德國第41裝甲軍的第6裝甲師遭遇。（該裝甲師的任務是協助56裝甲軍向杜加匹爾前進）。六月二十三日夜，第4裝甲兵團司令命令第56裝甲軍繼續突擊，而第41裝甲軍被指派摧毀前方的敵軍，即蘇聯增援的第2裝甲師。六月二十四日至二十六日，蘇裝甲師被第41裝甲軍在拉塞耐亞東北圍殲，二百輛蘇聯戰車無一逃脫。

第56裝甲軍利用了這次勝利，使得第8裝甲師在六月二十四日下

←德國StuG III突擊砲在燃燒城市的邊緣。第16軍團的第2軍和28軍有許多StuG III突擊砲連。突擊砲連通常有六輛車（戰車連有二十二輛戰車），一個突擊砲營有三個連。

午，到達烏克莫吉（Ukmerge）附近從考納斯至杜加匹爾的主要公路，並立即開始沿公路前進。該師的一支特別作戰大隊於六月二十六日凌晨衝進杜加匹爾市並在蘇聯強烈的抵抗下占領了兩座橋樑，使得撤退中的蘇聯軍隊面臨巨大的壓力。蘇聯軍隊看起來要重新占領橋樑，但第8裝甲師守衛著河流橋渡。到當日午夜，德軍占領了整個城市。蘇聯謝爾蓋將軍（Sergei）曾努力保衛這座城市，但它事後這樣寫道：「我們的進攻完全被壓制。一個個德軍小隊從北面和西北面滲透到城市中來。當德軍的預備隊出現時，他們就衝出來戰鬥。我們失敗的原因是缺少戰車、火砲（我們只有六門火砲）以及空中掩護。」

認識到蘇聯在杜維納河的脆弱防守，赫普納將軍率領第41裝甲軍在杜加匹爾下游沿杜維納河一線發起進攻。橋頭堡建立在李瓦尼（Livani）和葉卡皮爾斯（Yekabpils）之間。到七月一日夜，形成二十九公里（十八英里）的縱深。蘇聯抵抗不力，雖然第21裝甲群（the Twenty-First armoured Group）在杜加匹爾進行了頑強的抵抗，但先是被德軍阻止，之後被擊垮了。雖然補給線拉得很長，但是到七月二日，德國第4裝甲兵團還是做好了向奧斯托夫—普斯柯夫地區進發的準備。

七月二日清晨，赫普納的戰車從很寬的戰線上重新開始了向西北

↓德國士兵在搜索落單的蘇聯部隊。赫普納裝甲部隊的快速和猛烈進攻，粉碎了沿路的蘇聯陣地。隨後的步兵不得不在立陶宛的森林中搜索被落下的蘇聯士兵。這項工作費時費力，還很危險，但也是必須的。

↑黨衛軍的輕型裝甲車。「骷髏師」是第四裝甲兵團的預備隊，曼斯坦對該師是這樣描述的：「骷髏師在進攻中總是顯示出充足的精力，在防禦中又十分頑強……這可能是我遇到的最優秀的黨衛軍。」

→北方集團軍在推進中，德軍在砲擊蘇聯陣地時隱蔽在樹下。蘇聯的前線防禦根本無法對抗德國的野戰砲兵和空軍。例如，7月22日，德國41裝甲軍的第8裝甲軍只用了不到一天就突破了梅梅爾以北的蘇聯防禦。

的推進。二天後，北翼的第1裝甲師占領了奧斯托夫。而南面的第6裝甲師在距奧斯托夫南面二十九公里（十八英里）的杜加匹爾至奧斯托夫公路另一側，突破了部分「史達林防線」。到當日夜裡，第56裝甲軍的部分兵力到達了以前立陶宛與俄羅斯的邊境。

蘇聯假設德國的主要進攻沿著經雷塞克奈（Rezekne）至奧斯托夫的公路展開，但未如預期時，蘇聯最高統帥部卻不知道如何處理。這就意味著蘇聯的部署在普斯柯夫東面的戰車直到七月五日才投入戰鬥。當他們匆忙投入進攻時，又遭遇德國第1裝甲師。結果紅軍損失了一百四十輛戰車卻一無所獲。蘇聯的裝甲預備隊此時也耗盡，德國繼續向普斯柯夫進發。

在這一階段，戰場上的地理條件對德軍影響比對蘇軍更大。第56裝甲軍遇到的地形特別濕軟，難以前進。向奧波奇卡（Opochka）推進的企圖不得不放棄，大部隊轉向北，朝奧斯托夫前進。

第4裝甲兵團向普斯柯夫出人意料的推進速度給李布造成一些小麻煩。儘管從七月四日開始，大量步兵開始從整條戰線上渡過杜維納河，但他們與裝甲部隊之間的距離仍然很遠。蘇聯軍隊處於混亂之中，德國人想要進行更大的冒險。

赫普納認為可以繼續快速向列寧格勒穿插。

　　裝甲部隊沿著僅有的兩條適合重型車輛通過的公路繼續前進：第56裝甲軍右側從奧斯托夫前進，經過波爾霍夫（Porkhov）、諾夫哥羅（Novgorod）和楚多沃（Chudovo）；第41裝甲軍在左側從普斯柯夫出發，經過盧加河和金基塞普（Kingisepp）。有兩個因素制約了德軍的推進速度。首先，地形變得不利於戰車的機動。第二，由於德國的推進速度減慢，蘇聯有時間重新組織，紅軍的抵抗越來越強。遼闊的平原變成了森林和沼澤，在這樣的環境中，一支小隊就可以阻止一個師。這一地形也降低了德國優勢火力和速度的作用。所帶來的結果就是前進的速度降至與步兵一樣，之後威脅到整個德軍。

　　第41裝甲軍司令格奧爾格漢斯‧雷因哈特（Georg-Hans

Reinhardt）因此建議德軍應向北前進，經過盧加河到達芬蘭灣南岸地形有利的地區。在那裡，裝甲部隊就可以更有效的展開作戰，而閃擊戰也可以繼續。但是雷因哈特的計畫需要讓裝甲兵團在森林中穿過一千六百公里（一千英里）的沙地和沼澤地，此外，德國陸軍最高司令部從東南進攻列寧格勒的計畫也要改變。

　　為保持前進的動力，赫普納讓第41裝甲軍轉向盧加河下游。到七

↑在向列寧格勒前進時，配備了自行車的德國步兵走下一個斜坡。進攻蘇聯的德國人非常驚訝得發現蘇聯的大部分公路是泥土路，在炎熱的夏季滿是塵土。更讓他們吃驚的是下發德國部隊的許多地圖是錯誤的。

←由於蘇聯的公路網非常少，而已有的公路也沒有結實的地面，因此德國在推進過程中必須要不斷地維護公路。這需要大量的人力。「骷髏師」的第一個任務就是修復受損的主要公路。

↑德軍一支部隊正在分發信件。每個人身後腰帶上的金屬罐裡裡面裝的是防毒面具。他們腳上穿的是最有名的德國軍用品之一：長統靴，準確地說應該是「行軍靴」。這種靴子用黑色皮革製作。

月十四日夜，該裝甲軍在盧加河下游站穩了腳跟，在沒甚麼抵抗的情況下，在薩布斯克（Sabsk）和波里契耶（Porietchye）附近建立了兩個橋頭堡。到七月二十日重新補給之後，雷因哈特做好了最後向列寧格勒進攻的準備。此時，離列寧格勒只有九十六公里（六十英里）。雖然第41裝甲軍不得不把269步兵師留在通向列寧格勒的主要道路上，使得該師在盧加河以南四十公里（二十五英里）遇到敵軍阻擊，但裝甲兵團的推進速度超過了所有人意料之外。第56裝甲軍在伊爾門湖（Ilmen）西南約五十公里（三十一英里）的索利齊（Soltsy）受阻。

第16軍團在右翼的戰鬥引人擔

心。畢亞里斯托克和明斯克包圍圈的壓縮，牽制了中央集團軍的幾個師，這就造成第16軍團第2軍的大部分兵力投入到耐瓦（Nevel）地區的北方集團軍和南方集團軍中間地帶。

這帶來的結果雖然對中央集團軍有利，但削弱了北方集團軍，因為七月中旬時第16軍團的重心轉移到其南翼。該軍團的另兩個軍，第28和第10軍大範圍地分散到東北部。七月十四日，兵力又進一步向東南轉移，第10軍協助第28軍消滅諾渥茨賀夫（Novorzhev）地區的敵軍。這一行動帶來的最終結果是裝甲兵團與第16軍團之間在盧加河下游形成相當大的空隙。

北方集團軍前進的步伐似乎不

幸受到威脅，但還有第18軍團在其北翼。在愛沙尼亞，北方集團軍的進攻取得了很大進展，但能以損失一個軍的代價繼續推進嗎？如果可以，第1軍就要併入第38軍〔佩普西湖（Lake Peipus）以南〕，增援第4裝甲兵團。即使集團軍被拖延，在列寧格勒的決定性勝利，也可以將愛沙尼亞以西的所有蘇軍封鎖起來。

在這一思想指導下，在普斯柯夫以南的第1軍經波爾霍夫向東往伊爾門湖方向前進，而第38軍經普斯柯夫向北沿佩普西湖往那耳瓦（Narva）前進。這兩支部隊都被納入裝甲兵團的指揮之下。

到七月中旬，仍有機會大膽向列寧格勒突擊，以贏得勝利。但在此之前，補給要跟上，這就需要裝甲部隊發動所有的道路建設能力。但是北方集團軍最高指揮部對於向列寧格勒發起最後進攻變得越來越

猶豫。這一方面是由於德國陸軍最高司令部針對中央集團軍遭遇的不愉快經歷，對前進過於快速的部隊發出了警告，另一方面是由於近期蘇聯最高統帥部的變化〔伏羅希洛夫（Voroshilov）現在正對抗北方集團軍〕。德軍相信伏羅希洛夫的上任將採取更堅決的抵抗，並部署新的蘇聯軍隊。

裝甲兵團的機會正在喪失。56裝甲軍向北的推進依賴於南部的良好發展。因此，第1軍受命進攻仍留在波爾霍夫以東的敵軍，然後渡過索利齊兩側的雪爾河（Shel），與裝甲部隊一起向伊爾門湖前進。這兩個軍七月二十二日占領了索利齊，但是前進的步伐在伊爾門湖以西十九公里（十二英里）處停了下來。疲勞的問題顯現了出來：德軍，特別是步兵，已經進行了一個月不停的戰鬥和急行軍，經常還是在很熱的天氣下。

←被北方集團軍俘獲的紅軍士兵。任何假裝投降後雙向德國士兵開槍的蘇聯人都後被殘酷地對待。「骷髏師」的一個團6月6日就遇到了這種情況，黨衛軍的士兵為此射殺了所有二百名蘇軍，包括那些真正投降的人。

↑1941年8月，德國第18軍團的部隊路過那耳瓦。蘇聯第18軍團在德國突破了盧加防線後，已經從這裡撤退。蘇聯的一些團級和營級指揮官和參謀幾乎全部戰死。

耐瓦和諾渥茨賀夫地區的戰鬥取得了勝利後，李布越來越傾向於利用任何來自於右翼的勝利，特別是56裝甲軍的戰果。自七月二十一日，前進的步兵部隊轉向北行動，預計在八月初到達伊爾門湖地區。這樣一來，北方集團軍對列寧格勒發起的「轉移進攻」計畫出爐了。

對於裝甲兵團來說，這就意味著突然進攻占領列寧格勒的計畫被放棄了。這對那些為了這一目的而奮勇戰鬥的人來說，很令人失望。實際情況是，第41裝甲軍被迫停留在其建立的兩個橋頭堡上，機會就這樣喪失了。

第16軍團部署上的空隙導致不得不在步兵的行動上採用更緩慢、更穩妥的方式。北方集團軍的下一

輪進攻將涉及第16軍團的28軍和四個半個步兵師。對於穿過諾夫哥羅的進攻，第16軍團下轄第1軍，含三個半個步兵師以及28軍，下轄兩個步兵師和一個摩托化步兵師。在第16軍團的左翼，第4裝甲兵團分成兩路進攻：第56裝甲軍，下轄兩個步兵師和一個摩托化步兵師，沿盧加河至列寧格勒的公路兩側前進；第41裝甲軍攻擊從盧加河橋頭堡向西北九十六公里（六十英里）範圍內的敵軍。這兩個軍的目標是克拉斯諾瓦德斯克（Krasnogvardeisk）。赫普納運氣很好，布勞希奇給了他部署在第40裝甲軍後方的第8裝甲師。

新的進攻於八月八日清晨在傾盆大雨中開始了，德軍從盧加河的

橋頭堡向蘇軍衝去。蘇軍的抵抗非常頑強，特別是在橋頭堡的左側。紅軍在這裡部署了強大的火砲，並發起了決定性的反擊。德國損失巨大，卻沒取得甚麼戰果，但他們決定在次日重新發起進攻。

右翼的進攻比較成功，但在中路和左路的激烈戰鬥一直持續到八月十二日，德國的進攻最終取得了勝利。第41裝甲軍三個速度較快的師轉向東，朝列寧格勒前進，而第1步兵師轉向西北的那耳瓦方向，支援38軍。

到達開闊地帶後，第8裝甲師立刻增援第41裝甲軍，其四個快速師朝列寧格勒前進。第56裝甲軍仍然沒有任何進展。在開始的推進後，它的兩個步兵師被盧加河以南一個強大的蘇聯新陣地所阻。第3摩托化步兵師在右翼掩護，因為28軍還沒有從南面趕到。

八月十五日，李布視察了他的裝甲兵團，並通知雷因哈特說，他同意第3摩托化步兵師前去增援。但是，在當天下午，北方集團軍總部傳來命令，第56軍及其第3摩托化步兵師立即加入第16軍團。裝甲兵團中的一本日記是這樣記載這一事件的：「第4裝甲兵團又一次被北方集團軍總部阻止了。第一次是七月十八日，受令停止占領盧加河橋頭堡後的後續行動。這一次，在突破敵人防線後，被阻止繼續擴大戰果。」

第10軍在伊爾門湖以南史塔拉亞魯薩（Staraya Russa）地區遇到困難，這讓李布不得不對其增援。

雖然史塔拉亞魯薩的陣地不久後被重新占領，但這給了蘇軍三個星期的緩衝期。北方集團軍被迫對列寧格勒發起新一輪的進攻。

八月十日開始對蘇聯縱深防禦的進攻，初期進展很慢。但八月十六日，諾夫哥羅以及跨越沃爾庫河的橋頭堡被占領。由於大量蘇軍向東撤退並渡過這條河，因此德軍開始加速沿向北的公路追擊。八月二十日，楚都沃（Chuduvo）被占——德國此時離列寧格勒只有八十公里（五十英里）。儘管蘇聯的抵抗極其激烈，但不久後第28軍就繼續前進，八月二十八日該軍終於到

↑李布要求快速推進的一個原因是要完好地占領重要的河流渡口。艾羅戈拉的多比薩河橋樑就是由第8裝甲偵察分隊在敵人完全不知情的情況下占領的。

↓被德國空軍炸毀的蘇聯火車殘骸。由於公路被毀，修理鐵軌消耗大量時間，因為人員和材料要用鐵路運送到受影響的地區。戰爭的破壞和鐵路的缺乏對供給產生了嚴重的影響。

→德國的馬車運輸分為兩種：戰鬥運輸和補給運輸。上圖是一輛六匹馬馬車，右邊每匹馬上都有一名騎手。這輛車看上去是屬於砲兵的。在對蘇戰爭中，德國陸軍平均每天大約損失一千匹馬。

↓急行軍消耗了德國人的大量資源。條件極差的公路造成了大量的機械故障。到七月底，北方集團軍大約百分之六十五的運輸車輛因機械故障無法運行。步兵又像往常一樣步行。

達盧班（Lyuban）。

在進攻的這一階段，第39裝甲軍的先頭部隊到達前線，它們是按希特勒的命令從第3裝甲兵團中分離出來，加入北方集團軍的右翼。由於列寧格勒東南部的地形帶來太多困難，衝在前面的39裝甲軍第18摩托化步兵師不久後不得不轉向東，保護沃爾庫河的兩側。但是，八月二十八日，第12裝甲師沒有遇到太多困難就到達了伊肖拉（Ishora），列寧格勒東南十八公里（十一英里）。第20摩托化步兵師跟隨其後向北往涅瓦河進發，保護拉多加湖（Lake Ladoga）向北延伸的一側。幾支裝甲軍此時戰線都延伸得太長，沃爾庫河的東面出現戰力薄弱地段。

第41裝甲軍從東南面的進攻也取得了同樣的勝利，於八月二十至二十一日，到達克拉斯諾瓦德斯克——克拉斯諾耶塞羅（Krasnoye Selo）一線，但已無力繼續進攻。

此時，第4裝甲兵團命令前線和第41裝甲軍兩翼所有作好戰鬥準備的部隊向南進攻，進入盧加河周邊蘇軍的後方。德軍本可以占領克拉斯諾瓦德斯克和克拉斯諾耶塞羅，但德國的實際意圖是奪取盧加的公路，協助50軍前進。

八月二十一日，第8裝甲師重新開始從克拉斯諾瓦德斯克以南地區進發。該師於八月三十一日與50軍在盧加河以南二十四公里（十五英里）處會師。這樣一來，德國

就將蘇聯41軍包圍在「盧加包圍圈」。九月初，德國人花了十四天時間解決了這個包圍圈，俘虜了兩萬名戰俘。

由於這場勝利，德國在列寧格勒的投入終於可以啟動。李布的計畫是第39裝甲軍、第28軍和第4裝甲兵團分別從東南方、南方和西南方發起進攻，而第18軍團從北方攻擊。在北面更遠一些的地方，第18軍團的第16軍蘇聯的愛沙尼亞殘餘部隊。到八月底，愛沙尼亞境內已經沒有蘇聯的軍隊。

九月九日進攻開始。到十一日，可以俯視列寧格勒全城的杜德霍夫高地（Duderhof）高地被德國41軍占領，五天後，第38軍占領烏利特克（Uritck），並到達烏

利特克以西的芬蘭灣岸邊。九月十七日，在西南面對列寧格勒的包圍圈已經完成，德葉茨科耶塞洛（Dyetskoye Selo）淪陷。在東南，由於先前的損失過重，加上推動了第39軍的協助，但第28軍沒有取得進展。第39軍轉向東面，對付蘇聯的進攻。由於地形非常複雜，該軍遇到了阻礙，使得李布不得不決定把第8裝甲師從取得勝利的西南面抽出來，支援第39裝甲軍。

此時，北方集團軍的戰鬥正走向尾聲，因為九月十七日，所有的裝甲部隊（除了第39裝甲軍）都不得不撤出戰鬥，支援對莫斯科的進攻。這一天，第4裝甲兵團把列寧格勒戰役的指揮權交給了第18軍團。

↓1941年9月，德國的機槍手越過涅瓦河向列寧格勒望去。9月4日，德國長程火砲從托斯諾以北的陣地向列寧格勒開火。此時，雷因哈特的41裝甲軍向這座城市衝去，11日占領了杜德霍夫高地。

列寧格勒戰役對第4裝甲兵團有特別的意義，它們在北方集團軍的指揮下，把主力都投入到這一目標上，它們的任務完全就是為了這一目標。裝甲部隊的潛力、能力和失敗都在這場進攻中體現了出來。戰車又一次取得了初期的勝利，而且它們保持的高機動性，保證了最終的勝利。

第4裝甲兵團先頭部隊的初期進攻在三個星期內就前進了七百五十二公里（四百七十英里），到達盧加河的下游，距列寧格勒僅僅一百公里（六十二英里）。這證明了李布計畫中戰車的重要性。杜加匹爾、奧斯托夫和普斯柯夫的勝利靠

的是對快速機動車輛的完美使用，而拉塞耐亞和奧斯托夫的戰車戰之所以取得勝利是由於集中優勢火力摧毀了敵人在縱深的部署。戰車取得的戰果被步兵充分利用。這些步兵與中央集團軍和南方集團軍的部隊一樣，通過急行軍以保持德軍的推進速度。

裝甲突擊

在距列寧格勒最後的一百公里時，德軍的高速突擊能夠繼續嗎？雖然要動用他所有的機動師團，但赫普納認為這是可能的。這樣一來就得放棄向伊爾門湖的突擊。在右翼的第1軍，其任務本應是純粹

↓希特勒宣布他希望避免在占領區對抗敵對民眾時損失人員和物資，這使得北方集團軍在列寧格勒的門口徘徊不前。他希望把列寧格勒圍困到投降。因為北方集團軍部隊形成的包圍圈很長。

←在裝甲兵強化列寧格勒周邊陣地時，步兵步行向該市前進。9月16日，德軍陸軍最高司令部宣布第16軍團和50裝甲軍摧毀了九個蘇軍師，並且在一個戰鬥中打散了另外九個師，但是希特勒從風暴中解救了列寧格勒。

的防守，等待第16軍團部隊的到達。在這個特別時刻，蘇聯不大可能發起反攻，因為蘇聯很可能在繼續沿伊爾門湖兩邊向洛瓦特河（Lovat）和沃爾庫河（Volkhov）撤退。

第4裝甲兵團七月二十五日左右，在西南面的突擊原本很可能可以占領列寧格勒，因為蘇聯在列寧格勒指揮官完全沒有做好防禦的準備，即便不能占領該市，至少也可以提前六個星期完成包圍。

七月的突擊最終沒能實現的原因在於希特勒對北方集團軍的干預。最明顯可以看出的就是第16軍團把主要進攻點從北面轉向南，以協助中央集團軍的作戰。這樣一來，以快速突擊為基礎的北方集團軍計畫被破壞了。

儘管是巴巴羅沙計畫的最初目標，但對列寧格勒的進攻不斷減弱。不僅進攻的部分被調向南方，而且芬蘭也沒有任何幫助作用，因

為曼納海姆不願直接與北方集團軍合作。希特勒自然也沒有興趣推動進攻。他打算讓這座城市遭受痛苦的折磨，所以希特勒非常願意圍困列寧格勒，直到投降。實際上，希特勒想要這個布爾什維克主義的搖籃飽嘗痛苦，把該城市打擊到徹底湮滅。

對蘇聯來說，儘管他們忽視了

↓德國部隊在列寧格勒郊區。防守方的條件很差，因為大量的難民和撤退進城的部隊都要消耗食品儲備。9月12日，列寧格勒的麵粉只能維持三十五天。

↑為人和牲畜打水。北方集團軍的人和馬非常幸運,在蘇聯北方幾乎每個居住地都有水井,可以提供清涼可口的水源。在南方,許多水井和蓄水池在夏天都乾涸了,而且所有水源的水質都很差。

城市的防禦,但他們從來沒有放棄列寧格勒的想法。因此,當北方集團軍向列寧格勒進發時,有五十萬蘇聯兒女奮力工作在陣地工事中,準備抵抗德國侵略者。到八月底,史達林把西北方面軍和新成立的列寧格勒方面軍直接置於蘇聯最高統帥部的指揮下。

北方集團軍中德國裝甲部隊的指揮官對列寧格勒戰役的結果總有點兒痛心。他們在戰役中表現得非常好,卻只能看著勝利從手中被奪去。曼斯坦,戰爭中德國最優秀的裝甲指揮官之一,他在巴巴羅沙行動中指揮第56裝甲軍。他在事後對戰役的描寫可以反映出裝甲部隊中多數人心中的挫折。例如,八月

時,與第10軍會合後,曼斯坦率領部隊在伊爾門湖附近從側翼擊垮了蘇聯第38軍團。他自己的指揮部就俘虜了一萬二千名戰俘,一百四十一輛戰車,二百四十六門火砲和幾百件輕武器和車輛。隨後關於第56軍該派往何處,德國開始猶豫不決,「我們自己九月十二日被告知,我們很快將隨三個摩托化步兵師被調去南方,接受中央集團軍第9軍團的指揮。即使是一名軍指揮官也無法明白所有這些突變,但是我的觀點認為,這都是源於希特勒與德國陸軍最高指揮部之間,關於戰略目標是莫斯科還是列寧格勒的激烈爭執。」德國人沒有採取任何措施來迅速結束這場戰役。另外,

八月底的時候，大雨將道路變得泥
濘不堪，這使得德國前進的速度變
得非常緩慢，有時甚至無法前進。
結果，曼斯坦的部隊繼續在第16軍
團作戰。

　　德國又重新開始進攻，在與蘇
聯第11、27和34軍團的作戰中取得
了幾次勝利，但集團軍中裝甲指揮
官的失望情緒在這一階段非常普
通。曼斯坦寫道：「我們仍然很難
從這些戰果中得到真正的滿足，因
為沒有人清楚我們的實際戰略目標
是甚麼，我們的戰鬥是為了甚麼更
高層的目的。不論發生甚麼，我們
在杜加匹爾的那種驚人的推進方式
已經結束了。」

　　實際上，到了九月中旬，列寧
格勒的包圍圈開始縮小，從杜德霍
夫高地（Duderhof）德國的火砲可
以覆蓋整個城市，但渡過波羅吉
（Porogi）涅瓦河（Neva）的企圖
失敗了，李布的部隊無法對列寧格
勒匆忙建立起的防禦發起進攻。

　　北方集團軍已經推進了九百二
十一公里（五百七十英里），占領
了許多土地，但是要想取得戰略上
的勝利就必須占領列寧格勒。希特
勒想要通過轟炸和圍困的方法達到
這一目的。第一次大規模的轟炸於
八月八日夜發起，德國主要在城市
的南面和西南面共投下了六千枚燃
燒彈和五十枚高爆炸彈。這是留守
在列寧格勒的兩百五十萬蘇聯人恐
懼和痛苦的開始（九月初有七十萬
人從列寧格勒撤出）。

　　史達林要求列寧格勒決不能
淪陷，他派出了莫洛托夫和馬林

可夫（Malenkov），後者是國家
安全委員會（NKGB）的領導。
全天負責列寧格勒指揮的兩人是
列寧格勒共產黨第一書記祖達諾
夫（Andrei Zhdanov）和列寧格勒
黨委會書記庫茲涅佐夫（Aleksei
Kuznetsov）。一九四一年八月開
始了配給制度，九月時，麵包的配
給削減了兩次。

　　當德國部隊進入城市後，希特

↑德國人很快發現大雨
之後土路都變成了泥沼
地，使得運輸不得不中
斷。一種解決方法是建
築木排路，即把原木放
在路邊，方便車輛的先
進。嚴格的道路紀律也
降低了泥濘帶來的影
響。

←德國人對泥濘的條件
毫無準備。歷史學家盧
卡斯這樣寫道：「德國
陸軍在蘇聯的遭遇都與
泥巴有關……長統靴陷
在泥中撥不出來很常
見。」

勒認為摧毀列寧格勒只是時間的問
題。但是，北方集團軍此時對列寧
格勒的包圍圈很大，又處於長而脆
弱的交通線最末端，更嚴重的是後
方還有蘇聯游擊隊在活動。大約有
三十萬德國軍隊集結在列寧格勒周

邊，冬天也日漸臨近。雖然城內被
包圍的蘇軍所面臨的環境更惡劣，
但是德國人被拖入了長期的消耗
戰，這會耗盡人力和精力。布爾什
維克主義的搖籃仍是北方集團軍遙
不可及的目標。

→在列寧格勒周邊的包
圍圈上。列寧格勒被分
為七個軍事防禦區，主
要是為了形成自然障
礙，如運河等（甚至下
水道都被用作通信壕
溝）。在城市外都是反
戰車溝、地雷、碉堡。

第五章
向基輔進發

德國陸軍在烏克蘭取得了二戰中最大的幾場勝利。在烏曼（Uman）和基輔殲滅戰期間，德國共消滅或俘虜敵軍共七十六萬五千人。但這樣一來，希特勒不得不推遲了進攻莫斯科的時間。

南方集團軍的戰役在普里皮特沼澤的南面。在巴巴羅沙行動開始時，其作戰序列是：由北到南依次是第6軍團、第1裝甲兵團、第17軍團、第3羅馬尼亞軍團和舒伯特（Schobert）的第11軍團。一支匈牙利軍和第4羅馬尼亞軍團稍後也投入了戰鬥。匈牙利和羅馬尼亞的軍隊大部分裝備的是老式或繳獲的法軍裝備，通常擔負次要任務。

南方集團軍的任務是：第6軍團打開入口，讓第1裝甲兵團向基輔下游的第聶伯河衝擊，占領河的南岸。第17軍團進攻維尼沙（Vinnitsa），之後繼續向西南與第1裝甲兵團會師。如果目標能夠實現，那麼第聶伯河以西的蘇聯都將被消滅。在南部，第11軍團以及羅馬尼亞和匈牙利的軍隊將保護普洛什特（Ploesti）油田，之後占領

↓1941年6月，德國步兵進入烏克蘭。在南方集團軍的56和60步兵師（同屬17軍）發起戰役的第一天，兩個師剛渡過布格河就遭遇了強烈的抵抗，但德軍擊敗蘇聯仍向蘇聯境內推進了14公里（8.75英里）。

烏克蘭的西南部。這樣，所有第聶伯河以西的烏克蘭領土將被德國占領。

倫德斯特的集團軍將做好進攻蘇聯第三大城市——基輔的準備，該市是東正教（Slav Christianity）的中心，烏克蘭的首都。此外，基輔還是大卡爾科夫工業區的關鍵點，蘇聯重工業、煤炭及石油的主要來源。

當進攻開始時，蘇聯的軍隊不是被打散就是被甩到一邊。德國一直沒有進入普里皮特沼澤行動的計畫，因為德國人認為這種地形不適於現代軍隊。因此，這就形成了中央集團軍與南方集團軍之間的巨大缺口，當第1裝甲兵團甩開蘇聯第5軍團後，蘇軍躲入了沼澤中，威脅到德國第6軍團的北翼和後方。這引起了第6軍團司令賴赫勞（Reichenau）的警覺。他的擔心不是沒有根據的。在七月十日，史達林命令第15軍團從科羅斯登向南邊的諾夫哥羅—沃林斯基（Novograd Volynski）發動攻擊。同時，蘇聯第6軍團從卡札廷（Kazatin）向西北進攻。蘇聯的目標是在基輔西面包圍第1裝甲兵團。

這在書面上是一個非常不錯的計畫。但是德國很快在南北面建

立了防線，並發起反擊。在席席托米爾（Zhitomir）和別爾季切夫（Berdichev）之間，六個處於劣勢的紅軍戰車軍與第1裝甲兵團進行了數天的戰鬥，使得蘇聯第6、第12和第26軍團從危險的包圍圈中撤出。但是蘇聯戰車的損失非常大，而第1裝甲兵團仍然在向東前進。

一些蘇聯部隊新裝備了T-34戰車，這種戰車比任何德國戰車都要強大，給德國國防軍反戰車砲手留下了深刻印象。但是紅軍沒有足夠的戰車來扭轉敗局，而且戰車乘員的訓練也不夠充分。雖然德國人發現他們的三七公厘反戰車砲對T-34

←StuG III突擊砲裝有一門短管75公厘StuK37 L/24火砲。下列幾個突擊砲營參加了南方集團軍的進攻：190營、191營、197營以及243營。步兵師的指揮官一般都會給每個團配備一個突擊砲營。

戰車不起作用，但德國臨時使用了更重型的八八公厘火砲。雖然這是一種防空砲，但它在反戰車方面非常有效，在北非沙漠中早已被當作反戰車火砲使用。

隨著蘇聯的反擊被粉碎，蘇聯第5軍團又一次退入科羅斯登附近的沼澤，繼續騷擾賴赫勞的左翼。後來，這一行動取得了非常重要的戰果。

蘇聯反擊的失敗讓基輔的形勢非常危急：七月十日德國第13和第14裝甲師到達埃爾潘河（Irpen），離基輔還有不到十六公里（十英里）。此時，德軍停了下來，因為裝甲兵團的司令克萊斯特沒有批准進行巷戰。此外，蘇聯

正在加固基輔的防禦：除了二萬九千名民兵外，在三〇年代初建立的防線外，蘇軍也建築了新防線做為補充。基於此，倫德斯特相信基輔應該包圍而不是占領。為把蘇軍拖入開闊地帶並予以殲滅，他通告第1裝甲兵團「除非現場指揮官認為有可以利用的時機，才可以對基輔進行突襲。」

為了加重蘇聯面臨的問題，羅馬尼亞軍隊於七月十日開始了推進，一起進發的還有德國第11軍團。他們的對手，蘇聯第9和第12軍團已經面臨在北面被包圍的危險，被命令退向烏曼。蘇聯南方面軍的指揮官車列涅夫（Tyulenev）接受了這一命令，但是卻發現

↓蘇聯一架飛機在曠野中燃燒。儘管初期取得巨大的成功，但德軍空軍也損失了不少飛機。從戰役開始到9月27日，德國飛機總共受損或被毀二千六百三十一架，幾乎與1941年6月22日參戰的數量相同。

這一任務非常困難，因為茲麥林卡（Zhmerinka）至奧德薩港（Odessa）的鐵路線已經被摧毀，而且大雨讓公路變得泥濘不堪。

此時，受到威脅的奧德薩港在索伏若諾夫的指揮之下，名為「海岸部隊」。奧德薩就要變成「黑海的托布魯克（Tobruk）」，能夠在包圍之中堅持，即使已經被完全從主要戰線中孤立出去。這個稱呼很貼切，但卻是蘇聯不希望看到的。

七月十七至十八日，蘇聯最高統帥部命令布瓊尼在奧德薩港前方，從貝里亞·特沙科夫（Belaya Tserkov）到聶斯特河口，建立起一道防線。蘇聯希望這樣可以阻止西南和南部方面軍內部兩翼被包圍的危險，並借此恢復不間斷的防線。車列涅夫在烏曼的部隊將作為戰略預備隊，彌補所有可能產生的危險缺口。

此時，蘇聯最高統帥部相信莫斯科是德國的首要目標。因此，蘇聯決定集中主力部隊對抗德國的中央集團軍，其理由是，這不僅可以為莫斯科提供前線防禦，還可以阻止德國在南北的主要攻勢。首先，這可以迫使中央集團軍維持強大的兵力，從而限制南北集團軍的部隊數量。其次，德國從南北向蘇聯縱深穿插的企圖都會在側翼面臨蘇軍的威脅，蘇軍在防守的同時就可以對德國暴露的側翼和結合處進行反擊。

↑在烏克蘭的羅馬尼亞第3軍團。這支部隊由兩個步兵師，一個山地步兵師以及一個偵察騎兵師組成，由杜米特斯庫指揮。羅馬尼亞的部隊缺乏訓練，軍官素質不高，武器和裝備也很老舊。

→德國第17軍團49軍，
第68步兵師的人員正在
小鐵道2號公路上查詢
地圖（這是蘇聯少有的
幾條現代公路之一）。
注意廢墟—德國的火砲
和俯衝轟炸機和以前一
樣有效—但德國的目
標卻永遠無法實現。

任務嗎？

蘇聯第5和第6軍團七月十日
的進攻，企圖切斷德國第1裝甲兵
團與德國第6軍團的聯繫。蘇聯第
5軍團在中央集團軍與南方集團軍
的缺口外作戰，對抗克萊斯特裝甲
部隊的北翼，而從北面發起進攻，
而蘇聯第6軍團從南面進攻。這一
行動引起了德國的注意，雖然蘇聯
的進攻失敗，但也沒有解決蘇聯第
5軍團的威脅，蘇軍只是撤回到攻
擊發起線。這證明紅軍部隊和指揮
官不僅僅想發起反擊，但是勝利的
必要條件多次被錯過了。在南方及
其他地方，德國空軍控制著制空
權。這就意味著紅軍部隊在不斷地
空襲中向集結地前進。防空武器上
的缺乏，使得車隊在遭到德國空軍
攻擊時無法反擊。除了空中的威脅
外，蘇聯機械化部隊還缺少零件、
燃油和彈藥，許多戰車乘員只經過

蘇聯最高統帥部掌握了問題的
關鍵以及德國裝甲部隊與移動速度
較慢的步兵師之間的空隙。蘇聯最
高統帥部的任務是切斷德軍之間的
聯繫。問題是紅軍士兵在前線受到
了打擊之後，他們能否擔負這樣的

→一支羅馬尼亞騎兵。
在克里米亞半島指揮羅
馬尼亞人的曼斯坦是這
樣評價羅馬尼亞軍隊
的：「在東線使用羅馬
尼亞軍隊的重大失誤是
他們對蘇聯人恭敬得令
人恐懼。在困難的情況
下，這很可能導致驚
慌。」

基本的訓練。蘇聯長期缺少無線電通信，作戰時不可能進行協調。最終，這宣告蘇聯機械化部隊無法擊敗其他任何一支部隊，在各個指揮級別上，個人的主動性都受到打壓。蘇軍盲目地服從命令，即使是完全沒有取勝的機會。因為不這樣做的話，就會毫無疑問因不守命令而被蘇聯人民內務委員會（NVKD）審問，輕則降職，重則被處決。

因南方集團軍繼續向東推進，希特勒已經開始表現出傾向於在莫斯科和列寧格勒之前，占領烏克蘭（七月八日他聲稱他想要靠空中力量摧毀莫斯科和列寧格勒──一年前，德國在擁有更多轟炸機和戰鬥機的情況下就在不列顛空戰中落敗，希特勒好像輕易就忘了。）古德林的第2裝甲兵團在中央集團軍的南翼，他們獨自繼續東進。但是古德林是在錯誤的構想下作戰──莫斯科進攻方向仍然有掩護，但中央集團軍的兵力不久後將轉向南──希特勒對烏克蘭著迷了。

在同一天，哈爾德向他出示了蘇聯損失的評估：一百六十四個已知敵軍師中的八十九個被摧毀；餘下的有十八個師在二線，十一個師情況未知，已知只有四十六個師仍具作戰能力。布勞希奇提出將克萊斯特的第1裝甲兵團轉向南，到蘇聯第6和第12軍團的後方。但希特勒只想占領基輔，和消滅所有在第聶伯河以西的蘇軍。

布勞希奇對此十分震驚，說明這是無論如何也無法完成的，因為

↑德國步兵從一名蘇聯士兵的屍體前走過。西南方面軍的司令科普諾斯在巴巴羅沙行動開始時指揮部隊非常靈活，但基層部隊的戰術太差，甚至利用大量步兵進行攻擊。一名德國人把他們形容為「機槍的絕佳目標」。

補給上有困難。這一次希特勒聽從他的勸告，讓倫德斯特開展他的戰役。希特勒讓克萊斯特放手進攻卡札廷，並於七月十五日占領該市。這嚴重威脅到的西南戰線的主要鐵路線，迫使布瓊尼把部隊撤回第聶伯河。

蘇聯第5軍團雖然被打敗，但是仍然在科羅斯登，它的存在繼續牽制了德軍占領基輔。七月十七日，希特勒終於要將其消滅。七月十九日，德國陸軍最高司令部發布

↑南方集團軍一支輕裝師的部隊（南方集團軍共有輕裝師四個，分別是97、99、100和101師）。作為半機械化的高機動性部隊，輕裝師介於步兵師和山地師之間。注意輕步兵的肩章十三個橡樹枝，以及右邊士兵帽子上的金屬標誌。

第三十三號令，命令在完成斯摩稜斯克的行動後，第2裝甲兵團和第2軍團的步兵轉向東南，消滅蘇聯第21軍團（此時在中央集團軍右翼的對面），之後與南方集團軍合作消滅蘇聯第5軍團。同時，南方集團軍發起的集中攻擊將穿過蘇聯第6和第12軍團的後方並把它們消滅。中央集團軍剩餘的裝甲部隊——第3裝甲兵團——將向北後東進，支援北方集團軍。這樣一來，向莫斯科的進攻就完全依靠中央集團軍的步兵了。

戰役的轉折點

七月二十三日，希特勒、布勞希奇和哈爾德又一次召開會議。在會上哈爾德報告說紅軍部隊目前在戰場上有九十三個師，十三個師是裝甲部隊。這凸顯了德國情報部門的重大失誤。儘管遭受很大損失，蘇軍的數量卻在增加！

此時，有必要說一下蘇聯的兵員補充系統。面對大量的損失，蘇聯最高統帥部一九四一年七月十五日發布了一份通知，取消軍一級的指揮部，建立較小的野戰軍，下轄五至六個步槍師，二至三個戰車旅，一至兩個輕型騎兵師以及附屬的砲兵團。另外，步槍師裝備非常簡單，取消了反戰車、防空以及戰車、火砲等武器。這樣，步槍師的兵力由一萬八千人下降到一萬一千人（實際有許多師的實力遠遠達不到這一數字，而被重新定為獨立旅）。

這一通知還取消了機械化軍。這一級別還只存在於紙上，因為大部分戰車已經損失掉（一九四一年下半年，戰車的損失太大，蘇軍最大的裝甲部隊編制只是戰車旅。）另外，為了部分彌補戰車部隊的損失，騎兵部隊得到了巨大的擴充：新組建了三十個新的輕型騎兵師，每個師有三千四百四十七名騎兵。

隨著巴巴羅沙行動的展開，德國最高指揮部對蘇軍師似乎永無止盡的補充感到非常困惑。這部分是由於錯誤的情報評估，還有部分是由於紅軍快速組建新部隊和重建被殲部隊的能力。這種能力源於核心和動員的思想：部隊在和平時期只有少量的現役士兵，但戰時將補充預備役和志願者。這一體制的優勢在一九四一年下半年表現得非常明顯，歷史學家大衛這樣寫道：「戰前蘇聯的理論估計在高強度作戰條件下，軍隊每四至八個月就將全部更新一次。為滿足這一需要，一九三八年的全民兵役法就把預備役的兵役年齡提高到五十歲，並組建了訓練體系，以訓練這些預備役人員。到德國進攻之時，蘇聯共有一千四百人經過了基本的軍事訓練。大量的受訓預備役人員給了紅軍很大的彈性空間，這些是德國人及其他觀察家並未發現的。

無論如何，雖然被勝果沖昏了頭，德國人在一九四一年七月仍然掌握著主動，仍有機會在東線的戰爭中取勝，特別是在德國又取得烏曼包圍戰勝利之後。

↓1941年7月，德國火砲在攻擊蘇聯在烏曼包圍圈中的陣地。7月，對蘇聯第6、第12和部分第18軍團的鉗形包圍徹底合攏。由於德國步兵師的出色表現，蘇聯突圍的行動大多以失敗告終。

七月二十四日，希特勒命令合攏烏曼包圍圈。克萊斯特希望用一個軍從南面包圍基輔，並派出其他兩個軍深入到蘇聯西南和南方方面軍的後方，但他的建議被駁回。七月三十日，第一裝甲兵團擊退了從包圍圈中撤出的紅軍部隊後，繼續向西南方向前進，並於八月三日與伯夫麥斯克（Pervomaisk）附近斯圖普納格爾（Karl-Heinrich von Stulpnagel）的第17軍團先頭部隊會合。這就形成了對蘇聯第6和第12軍團及部分第18軍團，共十五個步兵師，五個裝甲師的包圍。與以前一樣，蘇聯突破包圍的戰鬥非常殘酷。在包圍圈東面，德軍裝甲和機械化師的狹窄戰線上，曾一度形勢非常緊張，直到步兵師趕到才有所好轉。

到八月五日，在包圍圈中的蘇軍被壓縮到烏曼西南，一處只有二十公里寬（十二·五英里），二十公里縱深的地域。由於四面被圍，蘇軍開始成群地投降。八月七日，德國陸軍最高司令部發布了一份特別通知：「在南翼，倫德斯特指揮下的集團軍克服了不利的地形和天氣障礙，以及優勢蘇軍……目前這場戰役中，共俘虜十五萬名戰俘，一千九百七十輛戰車和兩千一百九十門火砲。羅爾（Loehr）的空軍部隊對這場勝利起著主要作用。他們擊落或在地面上摧毀了九百八十架蘇聯飛機。」

雖然一些蘇聯部隊成功突圍，但是包圍圈中的抵抗一直持續到八月八日。大約有十萬名蘇軍被德國俘虜（注意實際數字與德國宣稱的差距），包括兩個被圍軍團的司令，穆吉森科將軍（Muzychenko）和波內得林將軍（Ponedelin）——三百一十七輛戰車和一千一百門火砲。

在南方集團軍的最南端，主要的作戰任務都交給了羅馬尼亞第3和第4軍團，推進速度不如北面的部隊快。實際取得的進展，主要是蘇聯主動撤退的結果。蘇聯軍隊撤入烏曼包圍圈，使得最南部比較易受攻擊。到八月初蘇聯只能從海上進入奧德薩港。羅馬尼亞第3軍團於八月五日準備開始進攻奧德薩，這使得德國第11軍團可以繼續東進。烏曼的慘敗，加上德國開始對

↓在烏曼包圍圈外等待蘇聯的下一次攻擊。在巴巴羅沙行動中，MG34機槍（見圖中）殺傷的蘇軍可能比其他任何德國步兵武器都多。在蘇聯，機槍小組進行了多次的槍管更換（在二百五十發急促射擊之後，槍管就必須更換。）

╲向前推進，壓縮烏曼包圍圈。在包圍圈合攏之前，蘇聯第16軍團試圖阻止德軍的前進，以營救蘇聯第6和第12軍團。但進攻失敗了，在包圍圈內，蘇聯的抵抗開始很頑強，但士兵開始出現投降後，突然就停止了。

←在烏曼德國共俘虜了十萬名蘇軍。在東線作戰的勞斯將軍，對蘇聯士兵的評價是：「與一些蘇軍不可理喻的瘋狂抵抗一樣，蘇軍的大量逃兵和突然投降也讓人不解。這可能與情緒上莫名的起伏有關係。」

奧德薩港為期七十三天的進攻，使得蘇聯最高統帥部認識到蘇聯的西南方面軍將要不保。

　　同時，蘇聯最高統帥部還認識到分散派出預備隊是沒有用的，尤其是用預備隊進攻裝甲和機械化師。所以，蘇聯新建的師級部隊中──十個師去西南方面軍，十二個去南方面軍，另兩個作為預備隊─被部署到第聶伯河東岸，準備建立防線，並幫助轉移工作設備。（蘇聯向東轉移工業設施的成果驚人：一九四一年七月至十一月期間，總共一千五百二十三家工廠，其中一千三百六十家與軍工有關，被轉移到伏爾加河（River Volga），西伯

←烏克蘭豐富的工農業總是吸引著希特勒。占領這裡不僅可以向德國提供資源，同時也可以讓蘇聯推動原材料和食品供應。希特勒決定停止向莫斯科的推進，保證了德國得到了大量的烏克蘭農產品。

利亞以及中亞。

堅壁清野

史達林宣布在烏克蘭要全面執行「堅壁清野」政策。他說：「在被迫撤退的情況下……所有車輛都要撤出，一部引擎，一節列車，一磅糧食，一加侖汽油都不能留給敵人。集體農場主必須驅散所有牲畜，將糧食交給政府妥善保管以便運送到後方。所有有價值資產，包括不能撤運的有色金屬、糧食和油料等，都必須銷毀。在敵人占領區，游擊隊……必須放火燒掉森林、倉庫和運輸工具。」

這一命令使得六百萬牲畜、五百五十家大型工廠、數千家小型工廠和三十萬臺拖拉機從烏克蘭撤出。蘇聯在撤退時進行的破壞活動包括：歐洲最大的水電站德尼普羅赫斯（Dniprohes）大壩，數十座礦山和主要工業工廠，尤其是在一次特別的報復行動中摧毀了一○七三年建造的聖母安息大教堂。

在第聶伯河以西，蘇聯展開了遲滯行動，以爭取時間轉移和摧毀工廠。紅軍已經痛苦地感覺到西歐工業給德國帶來的益處。蘇聯領導人決定不能讓德國從占領的蘇聯工業中得到任何好處。轉移走的設備可以在烏拉爾或西伯利亞重新建設。即使是在鐵路沿線或曠野中生銹（大多數是這種情況），也不會被德國人立即利用。雖然許多被破壞丟棄的裝備後來被德國人修好了，但至少德國人有一段時間無法

↓在烏克蘭被占領後，納粹的種族政策得到了執行。黨衛軍的希姆萊說：「就像在一鍋牛肉湯頂部的一塊去皮肥肉，烏克蘭社會中只有很少的精英分子，消滅掉這些人，沒有首領的牧群就會變得順從。」

←容克Ju52運輸機飛過前線上空。當泥濘的道路使運輸非常困難時，德國嘗試用運輸機向部隊空投彈藥。但是油料和飛機的消耗證明這並不可行。德國空軍共有二百一十架Ju52飛機參加了巴巴羅沙行動。

利用它們，這就算是幫助了紅軍。

　　紅軍自身也採取了措施保證大規模投降的情況不再出現。政治宣傳部的軍團一級政委的梅赫利司（L. Z. Makhlis）發布了兩道命令。一是要求所有的政治委員強調所有被包圍部隊必須全力突圍，如果無法突圍，必須在敵人後方盡可能長時間的戰鬥。二是告誡共產黨員和共青團員起表率和領導作用。對於史達林來說，他不相信專業的士兵會全力戰鬥（六月和七月在軍事上的慘敗進一步鞏固了他對專業軍事的這種消極觀點；但是他卻沒有意識到他對紅軍內部帶來的負面影響。）。他已經在部隊中恢復了政治委員與指揮官的同等地位，讓他們負責專業部隊的可靠性。

　　事實上，史達林此時對紅軍顯露出特別的仇視。他沒有看到紅軍對軍事上和技術上都處於優勢的敵人所進行的英勇反擊，他看到的只

有變節。一九四一年八月十六日，蘇聯最高統帥部發布第二七〇號令。該命令提到了「不允許的醜陋」和「可卑的怯懦」，其中寫道：「對於那些放棄戰鬥並向敵人投降的膽小鬼，或者在前線首先想到困難並且撕下軍銜標誌向後方逃跑的指揮官，紅軍能夠容忍他們待在軍隊中嗎？不能，這是不可能的……膽小鬼和逃兵必須要消滅。」命令中還指出投降的指揮官和政治

↓南方集團軍的一支補給隊在途中休息。即使是乾燥的公路，在頻繁的使用下也變得車轍縱橫。德國製的卡車不適合蘇聯的道路。

↑德軍在烏克蘭境內繼續前進，又一座蘇聯村莊正在燃燒。德軍在巴巴羅沙行動中的又一優勢是德國空軍向地面部隊提供的準確情報。（德空軍參加巴巴羅沙行動的飛機中有四分之一是偵察機）

委員，他們的家屬將作為「騙子和叛國的逃兵家屬」被逮捕。歷史學家海因茨·馬根海瑪爾（Heinz Magenheimar）對於這道命令是這樣評價的：「對於那些在戰場上寧願被俘而不願戰死的蘇聯士兵，史達林的態度是充滿敵意和毫不憐惜的。這也解釋了為甚麼史達林拒絕把被德軍俘虜的士兵列入戰俘。在官方的文件中就不存在戰俘。」

希特勒也在指揮官方面存在問題，不過他的問題來自軍事勝利後的選擇。例如中央集團軍，特別是古德林，對莫斯科十分著迷，公開違抗德國陸軍最高司令部的命令（古德林頑固地試圖把他的裝甲部隊保持在陣地中，以便繼續東進，進攻莫斯科）。但是，此時，霍斯

第3裝甲兵團的大部分兵力正在按命令進行重新部署，以協助北方集團軍對列寧格勒的進攻。這讓希特勒認為霍斯是中央集團軍中唯一還能相信命令的高級軍官！

當古德林還在尋找他不應該回到戈梅利解決蘇聯第5軍團的理由，並提交進攻莫斯科的計畫時，南方集團軍在基輔前停了下來。

德國第6軍團的司令賴赫勞擔心他的左翼。他的擔心有充分的理由：在他與中央集團軍第2軍團之間有二百四十公里（一百五十英里）的缺口。雖然他的第56步兵師可以覆蓋其中的九十六公里（六十英里），但蘇聯第5軍團還有數個師的兵力。賴赫勞受令向前直接進攻基輔，但在當時的情況下，他反

對與倫德斯特合作。德國陸軍最高司令部拒絕就此事將指揮關係劃分清楚。因此，在八月九日，倫德斯特停止了在基輔—科羅斯登地區的進攻。德國第6軍團仍處於防守狀態。

八月十日，國防軍最高統帥部對巴巴羅沙計畫的下一階段做出了決定。最高統帥部認同敵人的主力在中央集團軍的戰線上，當前最重要的任務是消滅蘇軍主力並占領莫斯科。但最高統帥部認為另兩個集團軍正面的敵軍對中央集團軍的兩翼形成威脅。在這樣的情況下，對莫斯科的決定性進攻之前，必須對南北的蘇軍進行有限的打擊。德國估計摧毀這些部隊需要兩周時間。因此對莫斯科的進攻在八月底就可以展開，步兵部隊在中路進攻，兩個裝甲兵團分別從南北兩翼進攻。在預測紅軍行動的基礎上，德國陸軍最高司令部認為德軍將與蘇軍在布里安斯克和韋亞濟馬（Vyazma）地區遭遇，並將之消滅。

對於南方集團軍，其第17軍團將被派去奪取基輔與克勒曼楚（Kremenchug）之間的第聶伯河，並消滅在該河東岸集結中的大量蘇軍部隊。當奪取了第聶伯河一線後，南方集團軍的部分部隊將向北，進入蘇聯第5軍團的後方，將這支蘇軍一次性消滅。整個計畫就是相互妥協的典型案例。

但是德國陸軍最高司令部沒有考慮希特勒的想法。他八月十二日

↓某裝甲師的一輛三號戰車、一輛卡車、一輛摩托車和一輛小車在公路上。每支裝甲師都配有摩托車（每個師有一個摩托營），但摩托車的駕駛容易遭到輕武器的攻擊。

→砲兵部隊正在向基輔前進。在巴巴羅沙行動期間,德國砲兵團消耗了大量的彈藥。1941年7月22日至8月7日間,第25步兵師的火砲團共發射了二萬零一百三十五發105公厘砲彈,而反戰車營用了六千六百四十三發37公厘砲彈。

時再次強調,所有未來行動的先決條件是摧毀所有中央集團軍兩翼的敵軍,特別是南方的蘇聯西南方面軍。

蘇聯最高統帥部與中央集團軍一樣對莫斯科十分困擾。例如,古德林第2裝甲兵團在戈梅利和斯塔羅杜布後方西南的行動,被認為是利用了後備方面軍和方面軍之間的

巨大間隙。德軍將借此轉向東,在布里安斯克突破後,從南面兩翼包圍莫斯科。

西南方面軍的司令布瓊尼的觀點與其他人不同,但他是正確的。他請求允許從科羅斯登要塞區撤出蘇聯第5軍團和第27獨立軍,從而讓德軍從其戰線的後方穿過。這樣,古德林就不能與從克勒曼楚向

→第17軍團第中19軍第1山地師的人員。每一個山地師平均兵力一萬三千人,分別配屬:總部、兩個步槍團、一個砲兵團和師支援部隊。每個師都有許多騾馬。

北推進的克萊斯特第1裝甲兵團會合，也因此無法完成對基輔地區的包圍。蘇聯最高統帥部拒絕了布瓊尼的建議，命令布里安斯克方面軍的部隊首先彌補中央方面軍與西南方面軍之間的間隙，阻止德軍向莫斯科突破。

新方面軍的司令是耶里曼科（Andrei Yeremenko）。史達林給他的命令是：「你被任命為布里安斯克方面軍的司令。明天你就將上任，儘快組織起戰線。古德林的戰車群正在布里安斯克中軸線上行動，那裡將會有場苦戰。所以你將達到你的願望。你會遇到你的老朋友，古德林的機械化部隊。他的作戰方式你在西部方面軍的時候就已經瞭解了。」

他對古德林的進攻是一場災難，並沒有阻止這位裝甲部隊將軍向南的推進，以及與克萊斯特的會合。在左翼完全暴露的情況下（蘇聯沒有利用這一點），古德林的裝甲部隊於八月二十六日占領了地斯拉河在諾夫哥羅希維爾斯基（Novgorod Severski）的重要渡口。前一天，在南面，克萊斯特的裝甲師占領了第聶伯城（Dnepropetrovsk）。這座城市的淪陷立即引起蘇聯最高統帥部部署更多的師到第聶伯河防線，蘇聯相信德國會進一步向東進攻。但是，德國在第聶伯城的部隊將為對基輔的包圍戰提供側翼的保護。

↓1941年8月，在烏曼以東的德國小車和摩托車。雖然德國陸軍在巴巴羅沙行動前徵用了許多民用轎車，但其中許多是兩輪驅動的，性能很差。

→德國一直沒有足夠的卡車為部隊補給。在一場十六天的戰鬥中,第25步兵師消耗了一百一十五萬五千發步槍和機槍子彈,和一萬零二百九十枚手榴彈。

德國的鉗形包圍正在朝烏克蘭的首都合攏。九月十六日,在克勒曼楚以北一百六十公里(一百英里)的洛赫維察(Lokhvitsa),克萊斯特的裝甲部隊與古德林會合,在接下來的幾天,兩個裝甲兵團中的步兵師一直在彌補裝甲部隊封鎖線中的空隙。在他們身後,第17軍團在克萊斯特的左翼,第2軍團在古德林的右翼向南推進,加強對包圍圈的壓力。賴赫勞的第6軍團同時從烏曼向東推進,在包圍圈西側向裡壓縮。在空中,德國空軍不斷對紅軍進行轟炸。

布瓊尼告訴史達林,基輔必須放棄。這使得他自己被提摩盛科替

→因為德國的馬匹在蘇聯夜間的低溫條件下,呼吸系統容易生病。隨著戰役進展,德國部隊儘可以多地採用當地的潘耶馬。這種馬可抵抗多種疾病和低溫,而且非常耐勞。

←灰塵給德國的進攻帶來了許多困難。特別是裝甲師，因為許多戰車沒有安裝灰塵過濾裝置。沙塵一旦進入發動機就會讓戰車癱瘓。此外，沙塵的磨擦作用會降低發動機的效率，從而增加油耗。

換掉。西南方面軍的新司令，科普諾斯將軍在沒有等到莫斯科批准時是不會撤出基輔的。九月十七日，命令終於來了，但是已經太遲了。

在包圍圈內，五個蘇聯野戰軍團──第5、第21、第26、第37和第38軍團─註定要被殲滅了。德國的裝甲師輕易就將蘇軍撕碎了。下面敘述來自第2裝甲兵團第3裝甲師的一名士兵：「在三個小時的跋涉後，第一個城鎮出現在左側。一個蘇聯運輸隊在公路上。在德軍接近時，蘇聯人丟棄了馬車，跑進附近的向日葵田中。在我們行動時，敵人的補給馬車越過了公路。機槍聲響起。我們進一步向前推進，這已經是蘇聯的領土了。這一次，我們遇到的是一支龐大的蘇軍砲兵部隊，包括數個砲兵連、補給列車、修建營、火砲、馬車以及拖拉機。隊伍中還有數名哥薩克騎兵（Cossack）和兩輛戰車機槍再次響起，從蘇聯軍隊中殺出一條血路，戰車瘋狂得衝進隊伍中央。」

徒勞無功

在基輔市內，科普諾斯命令自己的部隊衝出包圍圈。由於彈藥和火砲的短缺以及沒有空中掩護，這一任務全無希望。第26軍團和第38軍團的部分兵力試圖向盧布尼（Lubny）進攻，但很快被打散。史達林已經禁止了投降行為，但是在包圍圈內，蘇軍開始成群地投降。在經過了數天的轟炸和掃射，以及德國火砲和機槍的刺激後，蘇軍的精神很快就崩潰了。

雖然有一些部隊成功突圍，但蘇軍共被俘六十六萬五千人，被繳八百八十四輛戰車和三千七百一十

八門火砲。成千上萬人戰死，其中還包括科普諾斯。第3裝甲師的一名軍醫在蘇軍投降後是這樣形容包圍圈內的景象的：「混亂。成百上千的卡車和汽車和零星的戰車散布在地面上。經常可以見到在爬出車輛時被擊斃的人，他們懸在門邊，被燒成了黑色的木乃伊。大量的屍體倒在車輛邊。」基輔周邊的戰鬥持續到九月二十四日才結束。

無論如何，烏曼和基輔的包圍戰都是軍事上的巨大勝利。在基輔，至少有五個蘇聯軍團——五十個師被殲滅。紅軍被迫利用衝出重圍的一萬五千名紅軍戰士重建西南方面軍。

希特勒非常得意，把基輔稱為「世界史上最成功的戰役」，而哈爾德卻稱它為「東線戰役中最大的失誤」。這也是事實，因為對莫斯科的進攻被耽擱了兩個月。但是是希特勒讓進攻基輔的決策成為一次失誤。占領了基輔後，希特勒本可以贏利烏克蘭人的支持，從而把軍事上的勝利轉變成政治上的勝利。但是，納粹的種族政策將這一明智的選擇排除了出去。德國開始隔離和殺害這些占領了德國所謂生存空間的烏克蘭人。希特勒八月十六日再次重申了他的目的：「最終，我們的政策是要巧妙地切下大塊的蛋糕，這樣它才能被控制，然後被統治，再被利用……引誘任何臣服的人們為我們提供軍事援助是錯誤的，即使這乍看起來非常便利。自然地，大片的領土要立即加以綏

↓1941年8月，StuG III突擊砲在基輔包圍圈的邊緣。9月19日，基輔的戰鬥結束。蘇聯第5、21、26、37和38集團軍被殲滅，六十六萬五千人被俘。西南方面軍完全被毀。

←向東，再向東。德國的軍隊在通向卡爾科夫的道路上。蘇聯7月7日到9月26日在西南方面軍上的損失令人震驚，相當於一天八千五百四十三人。但蘇聯仍在戰鬥。

靖；只能藉由射殺任何對我們抱有敵意的人，才能實現這一目標。」

　　首先從這些話中遭遇厄運的是蘇聯戰俘，其中有四百萬名是一九四一年六月至一九四二年二月間被俘的。這些戰俘被關進集中營中，沒有水和食物，許多人的傷口得不到治療，於是開始大量死亡：一九四一年十一月至一九四二年二月間就死亡五十萬人。

進一步地勝利

　　蘇聯在基輔的失敗也威脅到其他南方的蘇聯防線。羅馬尼亞人八月五日已經到達奧德薩港，並在港口周邊建立起包圍圈。但直到十月十六日，在付出了十萬人的代價後，該港口才被占領。在被占後，它成為羅馬尼亞新設立的特蘭斯尼斯垂亞省（Transniestria）的首府。

　　德國第11軍團現在由曼斯坦指揮（他是從第56裝甲軍調來的），該軍團將向前一直推進到克里米亞半島頸部的狹長地帶，從而對所有在頓內次和頓河（River Don）的蘇聯防守部隊形成威脅。這裡的地形非常適合裝甲部隊行動。曼斯坦是德國最好的裝甲部隊指揮官之一，但他不得不等待他的戰車到

↓德國同樣遭受了損失。到7月31日，德國在東線傷亡二十一萬三千三百零一人，約占進攻軍隊的百分之十五，這開始讓一些高級指揮官擔心。

→德國第6軍團司令賴赫勞。他簽署了「嚴酷令」，鼓勵對蘇聯人的報復行動。

達。他說：「在蘇聯北方的森林中，我不得不帶領一支裝甲部隊在這種不適宜的地形中作戰。現在，我發現自己處在遼闊的草原上。這裡沒有任何掩護，但也幾乎沒有任何自然障礙。這是戰車理想的作戰

地域，但不幸的是，第11軍團沒有戰車。」

南方集團軍的司令倫德斯特認為東線的德國軍隊應該在第聶伯河一線過冬，不應對莫斯科做最後的攻擊。希特勒拒絕支持這個建議，因為這樣做就就必須大規模撤退。像古德林和霍斯這樣的指揮官不可能放棄占領蘇聯首都的機會。

史達林對基輔的慘劇非常震驚。在九月初，當烏克蘭的局勢惡化時，史達林在給邱吉爾的信中，請求英國和美國在十月初向蘇聯運送三萬噸鋁，並且最好每月援助四百架飛機和五百輛戰車。他的信是這樣結尾的：「如果沒有這兩項援助，蘇聯即使不被擊敗，也會長時間失去作戰能力—無法協助盟軍對抗希特勒的能力。」

即使這樣的援助立即可以得到（實際上不可能很快），紅軍也不得不在莫斯科前線利用自己

→基輔的淪陷讓德國南方集團軍在1941年9月底進入了頓巴次河的工業盆地，而第1裝甲兵團正向頓河和高加索追擊。

的資源與德國作戰。一九四一年九月底，在莫斯科東面的資源包括：西方面軍〔科涅夫將軍（I. S. Konev）〕，第22、29、30、19、16和20軍團；後備方面軍（布瓊尼），第24、43軍團；最高統帥部的西部預備隊，第31、49、32和33軍團；布里安斯克方面軍（耶里曼科），第3、13和15軍團。

這三個方面軍總共有八十萬人，七百七十輛戰車和三百六十四架飛機。當時，這占了紅軍在東線戰場幾乎一半的人力和火砲，三分之一的戰車和飛機。紅軍步兵師的平均兵力約七千人，有許多師僅有五千人。

↑拖曳一輛被陷住的德軍車輛。德國在1941年秋天泥濘的季節裡，損失了許多戰車和其他車輛。另外，砲兵部隊也發現砲彈的威力也因為泥濘而大打折扣，降低了彈片的殺傷效果。

紅軍的前景似乎非常黯淡，但九月底時，另一個因素起了戰略平衡的作用，這就是天氣。夏天的炎熱天氣使河流的水位降低，使得履帶車和輪式車的機動相對容易一些。但秋天來臨時，氣候變了。古德林在向南加入基輔包圍戰時，就親身感受了不利天氣給作戰造成了負面影響：「在晚間，暴雨如注。我們的推進⋯⋯在九月十一日時，變得十分困難。我十個小時才前進了一百英里。泥濘的道路使我們無法快速前進。這樣的速度讓我充分認識到前面存在的困難。只有親身經歷這些稱之為路的沼澤後，我們

才能瞭解部隊和裝備所面臨的一切，才能正確判斷前線的局勢以及對我們的影響。」

雖然古德林十分不確定，但希特勒和德國陸軍最高司令部想當然地認為會有好天氣。古德林稱：「對莫斯科的進攻全靠天氣：德國陸軍在冬天和秋天的泥濘到來前，能夠取得決定性的勝利嗎？我們有充分的時間取勝嗎？」

對於連連得勝的德國陸軍，多個星期以來的流血、調動、決策、失誤和勝利此時都歸結到一點，即是否有足夠的時間？或者嚴冬能否阻止閃擊戰？

第六章
芬蘭的復仇

希特勒和他的將軍們認為芬蘭會願意參加巴巴羅沙計畫，因為他們應該迫切希望奪回
一九四〇年中失去的領土。從這一點來看，這樣的觀點是正確的，但事實證明芬蘭讓
柏林大失所望。

　　儘管一九四〇年三月在冬季戰爭後，芬蘭與莫斯科簽訂了和平條約，但是一九三九年至一九四〇年發生衝突後，芬蘭與蘇聯爆發戰爭一點也不會令人吃驚。蘇聯隨後對芬蘭執行了高壓和擾亂政策，這只能讓芬蘭更加堅信紅軍遲早會對芬蘭發起進攻。因此，一九四〇年八月時，德國要求芬蘭准許其在挪威北部的軍隊穿越芬蘭加入巴巴羅沙行動，芬蘭欣然同意。為了迅速執行此一協議，德國同意同時向芬蘭出售武器。這是個很小的犧牲，因為一旦有了這項協議，德國就可以在芬蘭北部建立一個基地，取得戰略上的優勢。

　　德國軍隊的調動並沒有逃過蘇聯的眼睛，但是一九四〇年十一月，希特勒沒有聽從莫洛托夫的建議，減少德軍在芬蘭的活動。希特勒，依然把經濟因素放在其腦中的首位，他為在芬蘭的軍隊定下了兩

↓芬蘭野戰通信兵。雖然芬蘭陸軍規模小且都是步兵組成，但其官兵的素質很高。一般來說，芬蘭的步兵師有三個步兵團和一個野戰火砲團。

→芬蘭步兵穿過泥濘的地形。卡瑞利亞地峽裡都是原始森林、沼澤、荒野及碎石，不適合大編隊的作戰。小規模的部隊更加適應這種地形，這讓芬蘭軍隊比蘇軍更有優勢。

↓流向摩曼斯克的圖洛馬河，遠處的河上還沒結冰。這裡的港口和鐵路是盟軍向蘇聯提供補給的生命線，1941年，蘇聯最高統帥部為保衛這兩處地點，對德、芬兩軍發起了多次進攻。在整個戰爭中，蘇聯最高統帥部一直保持鐵路和港口的開放。

個目標。首先是占領芬蘭北部重要的鎳礦（代號：馴鹿行動），其次是建立基地，為進攻莫曼斯克和當地的鐵路做準備（代號：銀狐行動）。

德國一九四一年五月向芬蘭透露了計畫，其中包括在巴巴羅沙行動前夕向芬蘭北部投送部隊。芬蘭被要求用主力部隊從北面威脅列寧格勒，以支援銀狐行動。雖然沒有正式的協議，但在六月初赫爾辛基（Helsinki）的會議上，雙方都予以了默認。一九四一年六月八日，德國軍隊開始在芬蘭登陸，而芬蘭八天後才開始全面動員，並最終集結了四十餘萬人可參與巴巴羅沙行動。

芬蘭沒有立即加入巴巴羅沙行動（部隊的集結到六月二十二日還沒有完成），但是六月二十五日時，蘇聯開始空襲芬蘭，這毫無疑問地說明芬蘭參與了德國的行動。

自一九四〇年三月，芬蘭的軍隊就一直在重組之中。到一九四一年六月，芬蘭軍隊共有十六個步兵師（其中三個精銳旅），一個騎兵旅以及二個步槍旅。野戰火砲部隊有充足的彈藥補給，但重型火砲幾乎沒有。大部分陸軍仍依靠馬匹運輸火砲和補給，不過第二次大戰中大多數國家的陸軍都是如此。芬蘭組建了一些戰車部隊，但裝備的是在冬季戰爭中繳獲的蘇聯車輛。無線電通信也被導入，但大多數陸軍單位還要依賴野戰電話和通信兵進行通訊。芬蘭的空軍進行了了擴充和現代化改良，但沒有重型轟炸機，進攻能力有限。然而此次芬蘭進攻的決心沒有冬季戰爭中所展示的那麼堅決。

芬德戰線在敵人正面沿奧盧（Oulu）向東一線分開。線的北面，由法肯霍斯特率領德國的挪威軍團作戰。在北冰洋上，迪埃特（Eduard Dietl）的山地軍—兩個山地師—進攻莫曼斯克。在中間

的是第36軍，下屬169師，黨衛軍「北方」裝甲師以及在羅瓦涅米（Rovaniemi）的芬蘭第6師。迪埃特的右翼由芬蘭第3軍掩護，雖然該軍只有一個師。在線的南面，Mannerheim元帥指揮十三個師和三個旅，加上德國的163師。他的部隊向東南方向進攻。

　　蘇聯對抗德軍和芬蘭軍隊的部隊有：格拉西莫夫（Gerasimov）指揮的第23軍團（四個師）防守從北面直接通向列寧格勒的道路；默里斯科夫（Meretskov）指揮的第7軍團（五個師）防守從拉多加湖到伊塔（Yhta）的邊界；在北面更遠些，第14軍團（五個師，其中一個是裝甲師）防守通向莫曼斯克和白海的道路；在芬蘭灣，蘇聯的漢科基地（Hanko）有守軍二萬七千人，這也不能忽視。

　　戰場的地形特點主導著軍事上的考慮。法肯霍斯特的部隊基本上有三條線路越過邊境，其地形會影響到補給和通信。第一條是沿北冰洋的海岸。第二條沿凱米耶爾威（Kemijärvi）至坎達拉克沙（Kandalaksha）鐵路。第三條到洛烏希（Louhi）和凱姆（Kem）的路況極差的公路。通信方面蘇聯占一定的優勢，他們可以利用戰線後方莫曼斯克的鐵路，以及向西通往邊境的公路。

↑芬蘭軍隊在夏季的演習中，趴在臨時路障後面。芬蘭陸軍一直訓練其軍隊在森林和極地地帶有效作戰。這些訓練讓士兵成為發現蹤跡的能手，並且能夠安靜地穿越森林而不失散。

芬蘭和德國取勝的機率不大。不僅因為地形對防禦一方有利，還因為進攻方（只有兩、三成的優勢）必須把軍隊分散到三個獨立的方向，相互完全隔離。而蘇聯可以在關鍵點上集中兵力，抵抗進攻。德國的結果將是整條戰線的失敗。

迪埃特的進攻於六月二十九日開始，成功向莫曼斯克推進了三次。但是在蘇聯擁有制海權的情況下，迪埃特無法占領雷巴奇半島（Rybachiy Peninsula），因此不得不於九月在利特沙河（Litsa）一線駐守。第36軍取得的戰果要大

↓芬蘭軍隊的一大優勢就是曼納海姆的指揮，他曾經說過：「我必須小心，因為芬蘭陸軍規模很小，而戰區卻非常巨大，損失帶來的影響會非常嚴重。」

一些，他們占領了薩拉（Salla）地區，但之後就在一九三九年的戰線前停了下來。右翼進攻的芬蘭第3軍，在九月初時進攻受阻，沒有完成第一個目標——伊塔，而第二次進攻於十一月受阻於凱斯坦加（Kestanga）附近。

曼納海姆的戰略

曼納海姆，出於奪回一九四〇年芬蘭所放棄領土的壓力，趨向於進一步在蘇聯卡瑞利亞（Karelia）境內推進，直至色維爾河（River Svir）一奧內戈湖（Lake Onega）

←迪埃特領導的德國滑雪部隊在挪威北部的荒野中。德國發現在北方的作戰最好由小型的部隊展開，因為每一件裝備都必須攜帶。

一謝戈澤羅湖（Lake Segozero）一線，並在此建立起一個縱深緩衝區，從而形成較短的防線。由於獲悉德軍的北方集團軍將占領列寧格勒並與其在色維爾河會合，曼納海姆他手中的資源只能同時進攻一個方向，於是決定進攻拉多加湖北面，因此六月二十八日，他按海因里希斯的指示組建了卡瑞利亞軍團。這符合德國的要求以及他自己的願望（在德國人進一步靠近之前，停止向列寧格勒進發）。

他的計畫是從西北向拉多加湖進攻，把蘇軍牽制在此處，這就可以使他的軍隊清理北面直到一九三九年戰線的廣大地區。進攻於七月十日開始。芬蘭人有一兩成的優勢，而且蘇聯在戰術上錯誤地堅守戰線，從而讓其兩翼轉向（已沒有預備隊可以補充戰線上的缺口），於七月十六日到達拉多加湖並向東南前進，蘇聯的戰線因此被分為兩段。

蘇軍的抵抗依然很頑強，卻一步步被壓向湖邊。從卡瑞利亞地峽趕來的一個師試圖解救拉多加湖附近的蘇軍，但七月底時這一計畫失敗了。到八月七日，兩個蘇軍師的部分部隊被圍。七天後，三個芬蘭師趕來殲敵。但這場戰鬥並不像列寧格勒南面發動的那種殲滅戰。蘇

↓北極圈北部的地形不適合德國陸軍機械化部隊。德國在北極圈北部沒有使用任何戰車和自走砲。德國使用了非傳統的戰術，例如使用地震學的裝置來偵測紅軍的夜間巡邏隊。

軍可以用船撤離，這也說明芬蘭陸軍沒有德國陸軍那樣強大。

　　儘管有德國163師的參與，卡瑞利亞軍團的戰績仍舊很差。到七月底，該軍團的進攻就被阻止，此時離目標還有一半以上的距離。蘇聯在戰役中很好地掌握的技巧，在八月一直保持優勢。八月二十五日，芬蘭發起了最後一次進攻，非常漂亮地穿越荒野沿著側翼進軍，在九月一日到達了曼納海姆設定的停止線。蘇軍在這一戰線上首次使用了T-34戰車，從而證明了該方向的重要性。芬蘭的反戰車砲對這種戰車毫無作用。卡瑞利亞軍團此時只有數天的時間準備第二階段的推進計畫。

　　二戰結束，T-34戰車就成了軍事史上的傳奇。儘管設計非常完美，但在一九四一年使用時被神祕隱藏起來。這種戰車在一九四〇年末進入紅軍作戰行列，但是由於缺乏訓練（T-34的乘員都在過時的T-26戰車上訓練），加上缺少訓練有素的技工機師，它對巴巴羅沙戰役進程的影響，並沒有像許多的評論家讓我們所認為的那麼重要。

　　在戰爭開始時，蘇聯的工廠共生產了一千二百二十五輛T-34戰車。但沒有證據顯示所有戰車都投入了戰鬥。到六月一日，列寧格勒、波羅的海、西部、基輔特別軍

↓芬蘭部隊在曼納海姆防線上將一門反戰車砲拖入陣地。這條防線是在冬季戰爭前建立的，包括沿邊界線進行簡單防禦的前線地區，以及其後兩條野戰防禦工事，雷區和鐵絲網，所有這些都與河流和湖泊相連接。

←提供給芬蘭空軍的
梅塞希密特Me 109飛
機。希特勒希望通過提
供這樣的援助，讓芬蘭
成為堅定的盟友，並加
入巴巴羅沙計畫。結果
芬蘭沒有興趣加入意識
形態的戰爭，在芬蘭的
軍事目標完成後果斷地
中止了軍事行動。

區和奧德薩港特別軍區共部署了八
百三十二輛戰車。另有六十八輛部
署在後方的莫斯科、卡爾科夫和奧
勒爾（Orel）軍區。在波羅的海，
只有第三機械化軍裝備了戰車，而
且在一九四一年一月是僅有五十
輛。根據比較客觀的估計，在西部
軍區的一萬二千七百八十二輛蘇軍
戰車中，只有百分之七·五是T-34
戰車。

　　當敵人六月二十二日發起進攻
時，大部分T-34戰車部署在遠離戰
線的地方，而且乘員和零件也不
足。當機械化軍開始與德軍戰車遭
遇時，經驗不足的蘇聯戰車組員損
壞了大量的變速箱和離合器。戰車
無法在現場進行維修，而且救援車
輛也嚴重不足。雪上加霜的是，一
輛T-34戰車通常需要二到三輛拖拉
機進行牽引。不管怎麼，當T-34出
現在戰場上時，它讓人非常震驚，

尤其當軸心國的反戰車砲彈在T-34
的裝甲上彈起時。

　　儘管其下屬的部分部隊正被蘇
聯戰車擊退，曼納海姆將兵力集中
於切斷蘇軍與列寧格勒的通信。
他希望通過在武奧克薩河（River
Vuoksi）北面的進攻和對維普裡
（Viipuri）再次進攻達成上述目
標。蘇軍的防守非常堅固，曼納海

↓北方集團軍的部隊和
運輸向列寧格勒前進。
德國希望在李布和卡瑞
利亞軍團的夾擊下攻陷
列寧格勒，但1941年9
月1日時，卡瑞利亞軍
團在列寧格勒的防線前
停了下來，他們在日後
的戰爭中不會再前進一
步。

↑德國部隊在薩拉地區，德軍1941年中在該地區損失慘重。由於士氣低迷，德國一位軍官這樣寫道：「德國士兵急切地想離開漫無邊際的卡瑞利亞森林；在這裡，芬蘭只要付出我們一半的損失就可以完成德軍兩倍的戰果。」

對維普裡的進攻應於八月二十二日開始，但是蘇聯準確判斷了這次進攻。他們開始撤退，明顯是出於來自沃薩爾密的威脅，而想要放棄這座城市。不過，當芬蘭八月二十三日發起進攻時，蘇聯兩個師也發起了反擊(逆襲)，從維普里的撤退也停止下來。芬蘭人用了兩天時間擊退蘇聯的反擊，並再次向前推進。到八月二十七日，芬蘭人切斷了到列寧格勒的主要公路鐵路，有效地包圍了蘇聯的三個師。

但是，曼納海姆並不想進攻列寧格勒，他指揮三個師向一九三年的戰線前進。紅軍發現了這個機會，並於八月二十九日發起了反擊，蘇聯兩個被包圍的師成功突圍，餘下的大部也撤到了科伊夫斯托島（Koivisto），之後經由海上撤離。

無論如何，紅軍部隊在這一方向上丟失了大部隊的裝備，而且徹底被打散。

芬蘭軍隊繼續前進，再也沒有遇到有組織的抵抗，最後按曼納海姆的指示停在了一九三九年前列寧格勒防禦線的前面。芬蘭軍隊九月九日完成了其所有的目標。就在前一天，德國占領了施魯瑟爾堡（Schlsseluburg），從陸上切斷了列寧格勒與拉多加湖最南端的聯繫。最後的勝利似乎唾手可得。

八月二十二日，德國陸軍最高指揮部要求曼納海姆從列寧格勒後方突進該市，並與德軍在涅瓦河會合。曼納海姆一直拖到八月二十七日才開始進攻，而且只是在列寧格

姆每次進攻都使用了重型火砲。

七月三十一日，芬蘭的兩個師在強大的火砲支援下開始進攻，八月四日第三個師也加入戰鬥。在這樣的進攻下，蘇聯第198師和142師被圍在拉多加湖前。八月十一日，蘇聯解救這兩個的師的進攻被擊退，芬蘭軍隊隨後向武奧克薩河進攻，並在沃薩爾密（Vuosalmi）建立起橋頭堡。儘管八月二十三日芬蘭將整個河北岸清剿完畢，但蘇聯仍可以用船撤走拉多加湖周圍的被包圍部隊。

勒前線進行了一些小規模的攻擊。
他的願望是重新開始在拉多加湖北
面的進攻，與德軍在色維爾河會
師。

　　再看到芬蘭人不願進攻列寧格
勒的行動後，曼納海姆也向德國
表示他缺少重型火砲和俯衝轟炸
機，來突破蘇聯的防禦工事。德國
陸軍最高指揮部做出了調整，於
九月四日派出指揮部司令凱特爾
（Wilhelm Keitel）元帥和參謀長
約德爾到曼納海姆的總部勸說他立
即進攻列寧格勒。曼納海姆依然予
以拒絕。

　　曼納海姆的決定，在政治上反
映出芬蘭人對列寧格勒不感興趣。

←1941年在芬蘭穿得密
不透風的德國山地師士
兵（注意帽子上的火絨
草徽章）。像士兵腰帶
上別的這種木柄手榴彈
在北極地區不太安全，
因為會碰到樹和石頭。

↓芬蘭部隊在散兵坑
中。所有芬蘭部隊都配
發了寒冷天氣作戰用的
裝備，包括可以保護耳
部和頸部的皮帽、保暖
內衣、羊毛圍巾、皮手
套以及保暖靴。凍傷在
芬蘭部隊中從未出現
過。

→斧和鋸是芬蘭士兵必備的工具。只要有幾天的休整時間，芬蘭人就以驚人的速度用原木建造出兵營似的小屋。另外，芬蘭的帳蓬都用夾板建造，可以供暖。

↓德國軍隊發射81公厘迫擊砲，德軍發現它在雪厚時非常好用。德國衝鋒鎗在低溫下會卡彈，所以迪埃特的部隊試圖得到蘇聯的裝備。另外給部隊留下深刻印象的是嚴格開火紀律非常重要，可以節省稀少的彈藥補給。

芬蘭政府實際上並不希望成為希特勒對布爾什維克戰爭的一部分，奪回在冬季戰爭中被蘇聯占領的領土是芬蘭的最終目標。

卡瑞利亞軍團在休整後，重新開始了對蘇聯第7軍團的進攻。芬蘭軍隊把重型火砲集中對準拉多加湖的湖岸，而一支機械化部隊在拉古斯（Lagus）的帶領下，等候在戰線後。進攻於九月三日開始，到六日時，拉古斯的部隊占領了歐羅涅茨（Olonets），並於次日到達色維爾河。八日，他們在洛德諾波（Lodenoe Pole）切斷了莫曼斯克的鐵路，在色維爾河周圍建立起陣地。

學會強硬手段

在北面，芬蘭人於九月二日開始沿著通往卡瑞利亞首府彼楚沙夫（Petrozavodsk）的鐵路進攻。十天後，從南面發起進攻，來自色維爾河戰線上的援軍也趕到並加入戰局。蘇軍進行了井然有序的撤退：在芬蘭十月一日占領彼楚沙夫之前，蘇聯有組織地撤出了居民和設施。

芬蘭的戰術最初比較簡單，在戰線的進攻上損失較大，並不成功。但是他們最終重新開始派出側翼部隊穿過沼澤和森林。蘇聯人在沒有預備隊的情況下，要不撤退，

要不就只有被包圍。

　　到十月初，芬蘭完全占領了色維爾河北部的地區，但曼納海姆想要在河東岸建立實質性的橋頭堡。隨後，他為了這一目標發起進攻，戰鬥從十月六日持續到二十三日，直到戰線穩定下來。在這一階段，所有一切都對芬蘭軍隊不利。一些

芬蘭部隊發生兵變，並拒絕渡河。雖然，他們最終被勸說後重新開始進攻，但這已經顯示出芬蘭士兵對未來的戰鬥毫無信心。這樣的情況也出現在芬蘭的軍事高層中，他們向德國發出了同樣的訊息。

　　在這場戰役中另一件有趣的事是蘇聯114西伯利亞師的出現，只

←T-34戰車在向列寧格勒前進的路上。芬蘭無意參加對列寧格勒的直接進攻，這讓德國非常失望，而且北方集團軍的任務也將更加難以完成。這還使列寧格勒堅守下去的能力更強，因為蘇聯可以保持一條穿越拉多加湖的生命線。

有經過力戰才能阻擋他們。這是之後西伯利亞部隊在莫斯科前方介入戰局的不祥徵兆。

卡瑞利亞軍團目前的任務是在奧內戈湖頂部，從馬瑟斯卡亞（Maselskaya）到麥得維澤格斯克（Medvezhegorsk）很短的戰線上保護其北側。但是，不斷惡化的天氣、人員疲勞、不良的通信以及蘇聯不斷加強的抵抗都在給芬蘭軍隊帶來各種問題，更糟糕的是，蘇聯最高統帥部非常關注在貝羅摩爾斯克（Belomorsk）的鐵路聯軌站，因為這是莫曼斯克與蘇聯內地聯繫的依靠，而且芬蘭軍隊似乎對它的威脅與日俱增，因此蘇聯新增加了兩個步兵師。

芬蘭只額外部署了一個師，為匆忙結束戰役，海因里希斯決定不進行部隊重整，而直接發起了進攻。結果是進攻毫無章法，陷入混亂。

在十月底，芬蘭軍隊從南到西的移動非常緩慢，每一次前進都要付出較重的傷亡。到十一月七日，他們在所有方向上都停了下來。十一月二十一日以後開始了全面的推進，但一些部隊又出現了兵變或不願意進攻。雖然出現這樣的情況，但芬蘭令人吃驚地在十一月底打到了馬瑟斯卡亞，而且所有通向麥得維澤格斯克道路上的障礙都已經清理完畢。但從這以後，進攻停了下來。

這一方向戰線上的戰鬥還沒有結束。在重組後，芬蘭人於十二月五日再次開始進攻。此時，天氣已經極度寒冷，戰車都因為履帶被凍住而無法前進，這嚴重影響了軍事行動。

芬蘭成功衝破了蘇聯的防禦，於十二月六日占領了麥得維澤格斯克之後，繼續向東南的波韋涅茨（Povenets）進發。兩個蘇軍師被圍殲在麥得維澤格斯克以南，但這可能是蘇聯最高統帥部故意犧牲以阻止芬蘭向貝羅摩爾斯克的進攻。芬蘭軍隊於十二月十二日結束了戰場掃蕩工作，並轉為防守。實際上，這也是芬蘭在這場戰爭中的最後一次主要進攻。

曼納海姆已經實現了其所有最初的目標，因此他命令他的部隊鞏固戰線。由於放棄了未來任何戰略上的進攻打算，他甚至停止了一些部隊的調動。他的勝利也來之不易：芬蘭軍隊大約戰死二萬五千人，傷員超過五萬。紅軍的傷亡情況不明，但芬蘭俘虜了四萬七千名戰俘。曼納海姆考慮了在一九四二年初對貝羅摩爾斯克展開進攻，但它不會有任何結果。

毫無疑問，芬蘭的冷淡態度以及在北面的有限進攻，讓德國非常失望。但他們也做不了甚麼。德軍在一九四一年已在蘇聯投入了全部兵力，因此已經沒有戰略預備隊可以增援芬蘭（或者繼續對芬蘭的遲疑施壓）。德國也沒有任何力量可以支援其意願。實質上，芬蘭完全可以自由的選擇戰爭的進程。芬蘭也明確表示他對於進攻列寧格勒不感興趣，不希望參與用飢餓和恐怖的手段占領這座城市。

第七章
首嘗敗績

在基輔取得勝利之後，南方集團軍進入烏克蘭東部。但是倫德斯特麾下的師消耗很大，天氣也在變壞，而紅軍依然在戰鬥。接著，在羅斯托夫（Rostov）就遭遇了失敗。

　　儘管在烏曼和基輔取得了勝利，但是南方集團軍在向東朝羅斯托夫和烏克蘭推進的過程中一直處於衰弱的狀態。例如克萊斯特的第1裝甲兵團，其戰車數量減少到了三百輛，第6、第11和第17軍團，匈牙利軍，義大利遠征軍的三個師以及斯洛伐克輕裝師等其他部隊也處於類似的疲憊狀態。當然，部隊的士氣依然很高，但他們向烏克蘭的工業區進攻時，他們不得不面對秋天厚厚的泥濘所帶來的影響。而他們的紅軍對手如何呢？

　　對於蘇軍南部和西南方面軍的殘餘部隊來說，前景非常嚴峻。他們防守的地區出產了蘇聯百分之六十的煤，百分之三十的鐵和百分之二十的鋼。蘇聯每四座電廠中，就

↓德軍一支摩托車偵察隊看著蘇聯的村莊在燃燒。9月，第1裝甲兵團從諾沃莫斯科斯克向東進攻時，南方集團軍軍占領烏克蘭的第二階段進攻也開始了。

→德國一個醫療連隊中途休息之中。不間歇的作戰也帶了源源不斷需要治療的傷員。例如125野戰醫院，他們在1941年6月23日到8月7日之間收治了一千六百五十四名傷員。儘管納粹推行種族政策，但醫生們還是醫治了蘇聯人。

有一坐位於東烏克蘭，這裡還有蘇聯五分之三的鐵路系統，以及從高加索運送石油的主要線路。因此，這一關鍵地區絕不能從蘇軍手中丟失。最少，紅軍也得拖延時間，以轉移工廠和重組自六月底遭重創被擊潰的蘇軍。

蘇聯西南方面軍的司令提摩盛科元帥手中有七個軍團，對抗德國的南方集團軍。他面對的是非常沉重的任務，但至少德國的行動被一系列的變動打亂了。首先，第4羅馬尼亞軍團忙於圍困奧德薩港。其次，自九月底，德國第11軍團就在進攻克里米亞半島，蘇聯從奧德薩撤軍後，羅馬尼亞第4軍團也加入其中。第10軍團司令曼斯坦這樣解釋對克里米亞半島的進攻：「第一個原因是占領該半島有利於改變土耳其的態度。另一個原因是敵人在克里米亞的空軍基地會對羅馬尼亞的油田造成威脅，而這些油田對德國非常重要。」

在戰爭的這一階段，蘇聯軍隊完全比不上德軍，提摩盛科的集團軍毫無用處。一九四一年七月中旬，蘇聯最高統帥部重組了野戰部隊，組建了一些規模較小的野戰軍團，下轄五到六個步槍師，一到兩

↓德軍空軍的空中保護又一次被證明在支援地面部隊是效果不佳，特別是容克88飛機，它被用作俯衝轟炸機、戰鬥機和偵察機。

個戰車旅和輕型騎兵師，以及數個附屬砲兵團。提摩盛科的集團軍遠低於這個標準。如費克連科（Feklenko）的第38軍團，只有兩個步兵師，一個戰車和一個七千人的特務團。更嚴重的是，其中一個步兵師的兵力只有標準兵力的三分一，只有四門野戰砲，而戰車師竟然只有一輛戰車！（標準是約二百五十輛戰車）提摩盛科大部分的軍團都處於類似狀況。

德國占領東烏克蘭的計畫非常簡單。第1裝甲兵團在第聶伯城和諾沃莫斯科斯克

←向紅軍投降的德軍士兵。德軍最擔心的事情之一就是被捕，特別是巴巴羅沙第一周時，前進的德軍發現被捕德國士兵的破碎屍體。

↑德國部隊檢查河中像是T-34戰車砲塔的物體。倫德斯特9月1日開始進攻時，秋天的雨季已經到來，造成了河流上漲，和大量的沼澤。

（Novomoskovsk）之間的第聶伯河和薩馬拉河（Samara）建立橋頭堡，之後向南朝亞速海的海岸推進。在包圍行動中，組成南方面軍的蘇聯第9、第12和第18軍團就會被包圍和殲滅。這是一個大膽的計畫，尤其是在秋天多雨的季節。無論如何，克萊斯特的三百輛戰車如果能一百九十二公里（一百二十英里）的衝鋒而到達海邊。他們就可以與第11軍團會師，並包圍十萬蘇

軍部隊。

蘇聯最高統帥部沒有時間重組防線，因為九月三十日，第1裝甲兵團已經從諾沃莫斯科斯克的橋頭堡向蘇聯重要的側翼補給線：卡爾科夫至扎波羅結（Zaporozhye）的鐵路發起衝鋒。儘管有一列裝甲列車可以作戰，蘇聯這條唯一可以在各區域間快速運送補給、部隊和裝備的全天候運輸線還是在十月一日被切斷了。南部方面軍司令切列維琴科（Cherevichenko）十分焦急。不過，秋天的雨季來臨，這可延緩德蘇雙方的行動。

克萊斯特認為這次戰役與平常沒甚麼兩樣。蘇聯第20軍團的右翼已經被攻破，海岸線已唾手可得。但是，十月五日，切列維琴科將整個防線以海岸一端為軸，向東旋轉了四十五度，對德國形成了一道新的正面。他放棄了扎波羅結，但這一戰術至少可以有遲滯德國裝甲部

→在西伯利亞大草原上，Pak38反戰車砲正在與蘇軍交火。這種火砲於1941年投入戰場，替代了原先火力不足的37公厘火砲，在裝甲師中擔負了側翼保護的任務。該火砲的砲口初速達到1200公尺／秒（3940英尺／秒），可以在914公尺（3000英尺）的距離上擊穿56公厘（2.2英寸）的傾斜裝甲。

↑1941年10月，德軍在卡爾科夫的郊區。在第6和第10軍團的夾擊下，該城於24日被包圍。蘇聯已經將卡爾科夫的戰車引擎工廠向東搬遷，避免了落入敵軍。

隊的可能。這是一個好主意，但是太晚了。

　　德國裝甲部隊在蘇聯第20和第18軍團試圖建立新防線的時候就衝了進去。十月六日，克萊斯特的前鋒部隊與曼斯坦的第11軍團會合。這樣，蘇聯第9和第18軍團就被包圍在奧列霍夫（Orekhov）和奧西片科港（Osipenko）之間。被擊潰的蘇聯第20軍團成功向北撤退。但是他們被包圍的同志卻無法逃出。

　　在包圍圈中的蘇軍依然堅強地抵抗，但是由於第9軍團司令哈利托諾夫（Kharitonov）在空襲中犧牲，第18軍團司令也在突圍時陣亡而缺乏指揮，所以蘇聯的抵抗一片混亂。第9軍團右翼的部分兵力成功突圍出去，第18集團的部分兵力

可以從衝出一條路撤向頓內次克（Donetsk）。德國人縮小包圍圈後，共繳獲二百一十二輛戰車、近七百門火砲，俘虜十萬六千名戰俘。接著德國第11軍團被派去南方攻打克里米亞半島，而第1裝甲兵團留下繼續向羅斯托夫前進。

　　德國相信他們已經摧毀了蘇聯軍隊，但實際上蘇聯第6和第12軍團儘管被擊敗，但還沒有被消滅。另外，奧列霍夫的包圍圈並不嚴密，一些蘇聯軍隊撤了出來，並且正在重新集結。

　　特別重要的是，蘇聯被殲滅的第9軍團正迅速地重建，吸收了增援的步兵和騎兵後，阻擋向羅斯托夫進攻的德軍。對德軍更危險的是，蘇聯最高統帥部不再不停地填

↑1941年10月底，德軍在卡爾科夫。由於紅軍防守的不當，為避免被殲滅而撤退，南方集團軍第6軍團相對容易地占領了該城。

在北面，蘇聯部署在卡爾科夫前方西南方面軍的三個軍團——第21、第38和第40軍團——狀態不佳。紅軍在這一地區只能勉強湊集人員和物資。在卡爾科夫以北的傑爾加奇（Dergachi），蘇軍的一個團由毫無實際經驗的下級軍官和政治幹部組成。他們每兩到三個人才有一把槍，所有的重裝備只是四門野戰砲和六門迫擊砲。成千上萬的武器六月在前線作戰時損失了，所以蘇聯不得不收集運輸和補給部隊的武器供步兵使用。這使得後方勤務人員在聽說德軍接近時都極度緊張。

卡爾科夫的市民在逼近的危險面前表現的非常勇敢，大約有九萬人自願組成民兵。但是熱情並不能彌補物質上的短缺。如，步槍的供給都依靠清理戰場時從死去的士兵手中取得。

補部隊間的缺口，而是用空間換時間，從而計畫最終的反擊。

蘇聯最高統帥部預見到了南部的威脅，命令部隊撤到較短的一條防線，並將十個步兵師和兩個騎兵軍（cavalry corps）釋入到預備隊中。在一九四一年十月底，這些部隊組成了一支新軍團的核心，第37軍團，部署在羅斯托夫東北的克拉斯諾頓（Krasnodon）附近。

→當德軍鞏固他們在卡爾科夫的陣地時，蘇聯最高統帥部認識到儘管他們開始了大規模的地雷戰，但他們在該市西面的防守已經失敗。

←德軍占領卡爾科夫。儘管蘇聯採取了一些不顧一切的手段，例如運用了十萬枚地雷來對付德軍，但是到1941年10月底，蘇聯的魯爾——頓巴次已經被占領。

　　德國第6和第17集團正在向前推進，但他們感到了通過泥澤的困難。一位砲兵寫道：「前一天晚上，我們陷入泥中，無法前進。我們也失去了與敵人的接觸。車輛很快就會陷住，砲兵們非常艱難地把輪式火砲從泥澤中拖出來。滿身泥漿的坐在彈藥箱上。幾天後，寒流襲擊了整晚，我們克服這一新的困難。我們不再像之前那樣快速地機動——我們簡直是在爬行。這就是目前的情況，成天都是如此。」

　　倫德斯特與進攻烏曼和基輔時一樣，先越過一些大的城鎮，之後再包圍它們。但是，他的裝甲部隊在南方，沒有戰車可以用來包圍卡爾科夫。不過，他依然相信他可以誘使紅軍放棄這座城市。他命令

第17軍團的左翼占領卡爾科夫以南僅八公里（五英里）的烏第河（River Uda）橋頭堡，而第6軍團則向卡爾科夫的南北面夾擊。史達

←德國的迫擊砲兵在行動中。德軍開發了至少十二種迫擊砲彈藥，包括高爆、目標指示和煙幕彈藥等。德軍的迫擊砲兵訓練水平很高，很快就因為高精準度和高發射速度而揚名。

↑一個步兵單位在觀察斯圖卡俯衝轟炸機進攻蘇聯陣地。左邊第二名士兵攜帶的是7.92公厘的PzB39反戰車步槍。到1941年，這種僅可以擊穿25公厘（0.98英寸）裝甲的武器已經過時，只能擊穿輕型裝甲車或覆蓋薄裝甲的車輛。

林認識到利用屢弱的部隊死守這座城市起不了任何作用，因此他命令主力部隊撤出卡爾科夫。倫德斯特取得了勝利，但是當德國第6軍團十月二十四日進入該城時，卻幾乎沒有發現戰俘。紅軍吸取了教訓，在撤退中有德國軍追擊時，保持了良好的秩序。

第1裝甲軍團（由第1裝甲兵團更名）在面對蘇聯南部方面軍時取得穩步地進展：天氣很好，裝甲部隊可以較快速地前進。但是，與六、七月時相比還是相差甚遠。這主要有兩個原因：一是倫德斯特使

用裝甲部隊時十分小心，如裝甲戰專家麥克西（Kenneth Macksey）寫道：「早期的戰役中，德國人實踐的軍事原則就是傷亡最小化：當敵人的抵抗可能會比較激烈時，德國人並不願意繼續進攻，特別是他們認為蘇聯的抵抗部隊兵力超過自己時。倫德斯特不允許他的裝甲師進攻基輔或進入普里皮特沼澤，而是讓機械化部隊在它們主宰的平原上自由馳騁。

第二個讓速度下降的原因是蘇聯改變了戰術。負責保護羅斯托夫的蘇聯第9軍團，一條接一條地共

建立了四條防線。這些防線在各要點都使用了交叉火力的配置。利用防空壕來保護野戰砲、反戰車砲和機關鎗的射手。另外，蘇聯還構建了大量的假防空壕來欺騙德國的砲兵觀測員，修建的野戰工事還可以讓火砲一百八十度的轉動。蘇軍還修建了備用陣地，以便在需要時快速轉移火砲。

蘇軍還利用平民（包括婦女和兒童）來修建工事。步兵的戰壕非常狹窄，這樣在裝甲車越過時就不會坍塌。這樣壕溝裡的人就可以對付戰車後面的德國步兵，有趣的是，德國軍一九四三年失去戰略主動之後也曾採取了同樣的戰術。

其他的反戰車手段還包括戰車詭雷。雖然地雷短缺，無法在所有的德國前進道路上布雷，但是所有的交叉路口都布上了地雷。紅軍喜歡使用木製地雷，因為普通的地雷探測器無法偵測它們。每道防線的縱深達到二‧四公里（一‧五英里），且前方都有火力支援。德國第9軍團的前方至後方距離達到近八十公里（五十英里），其中包括從總部所在重鎮諾瓦基哈斯克（Novoshakhtinsk）向東北方向的距離。

羅斯托夫大範圍地佈置了詭雷陷阱，丟棄的車輛、野戰廚房、墓碑、大門、窗戶、爐子，甚至戰鬥之後屍體中都放置高爆炸藥。壓感雷藏在樓梯和地板下。此外，蘇聯

↓一隊德軍在前往羅斯托夫的途中休息。隨著秋天的到來，步兵師發現潮濕泥濘的天氣讓制服損耗很大。另外，雨和泥巴也會進入輕武器零件的內部，使武器無法使用。

利用無線電控制地雷，一旦有人進入就把整個房子炸毀。

進攻羅斯托夫

當十一月一日德國第1裝甲兵團開始進攻羅斯托夫時，蘇聯第9軍團僅完成了四條防線中的三條。但是，由於道路條件很差，這些防線的效果很好。因此，戰鬥變成了在泥濘和冰雪中的苦戰。直到十一月十二日，第1裝甲兵團才報告稱每天可推進八公里（五英里）。

十四日，德國到達了圖茲洛夫河（Tuzlov）的南岸，靠近海邊。這裡不是第9軍團的防區，而是由緊急拼湊的第56獨立軍團防守。這支臨時的部隊未給德軍帶來甚麼困難，但是倫德斯特不得不把對羅斯托夫的主要進攻停止兩天，以便從北面側翼包圍該市。他的北翼部隊

→一個MG34機關鎗小隊在第伯聶河東面作戰。在1941年秋天，許多德軍部隊在沒有配給的情況下連續數天作戰，因為道路泥濘讓補給的運輸很困難。優先運送的是大量需要的彈藥。例如MG34機關鎗，它一分鐘可以擊發九百發子彈。

←1941年秋天，烏克蘭的典型景象。蘇聯執行焦土政策，再加上德國的轟炸和砲擊，讓許多蘇聯小鎮成了廢墟。居民的命運無論是史達林還是德國陸軍最高司令部都不會去關心。（蘇聯20世紀30年代的集體化過程中，估計殺害了七百萬烏克蘭人）

得益於第37軍團的存在，而第37軍團集結在羅斯托夫的北面和東北面。提摩盛科可用於防守羅斯托夫的兵力有二十二個步槍師、九個騎兵師和五個戰車旅，但每支部隊都存在兵員不足的問題。

　　德國的部隊此時也因不停作戰而疲勞不堪，惡劣的天氣也帶來巨大的痛苦。前線的部隊出現痢疾、氣管炎及其他肺部感染疾病。在步兵師中，普遍缺少行軍靴，原先的靴子都在一千六百公里（一千英里）蘇聯境內的行軍中損壞了。

　　後方的後勤人員正在感染斑疹傷寒症，而前線的部隊也染上了這種疾病，特別是當士兵們占領敵人的陣地，並睡在防空壕等掩體中有蝨子的稻草上之後。

　　在惡劣的天氣條件下，受傷德軍士兵的後送也是一個主要問題。四個人的擔架小組要花上幾小時才能穿過沒及膝深的淤泥把傷員送到醫護救助站。用救護車往醫院的運送更慢，四十八公里（三十英里）的路程要六～八小時，許多救護車都已損壞，不得不用卡車來運送傷員。

　　倫德斯特被迫修改計畫。他命令留下一支掩護部隊，以防蘇聯第37軍團的反擊，並且在蘇聯第56獨立軍團的對面，圖茲洛夫河河邊重組第1裝甲軍團。這一次的進攻，南方集團軍必須進行一次前線攻擊。進攻的先頭部隊是馬肯森的第

↓德國陸軍進入羅斯托夫。這不是簡單的掃蕩行動，而是一場代價不菲的前線進攻。殘酷的巷戰是每天的常事。第3裝甲軍在進攻該市之前下了冬天的第一場持續的大雪，預示著有事要發生。

↑「我們從橋的末端向前進攻，對著逃跑的蘇聯卡車開擊。在這期間，一列火車從城裡衝出來。上面裝滿了蘇聯的人員和裝備。我們立即向火車頭開火。」（1941年11月，在羅斯托夫作戰的黨衛軍士兵）

現在德國要面對蘇聯經過精心策劃和準備的進攻，而不是逃離災難的絕望突圍。蘇聯軍隊和以往一樣缺少空中掩護，而且啟動的速度也比較慢。

有趣的是，西線和東線的裝甲部隊指揮官默爾勒辛將軍（Mellenthin）不認為空軍是東線的決定性因素：「在一九四〇和一九四四～一九四五年的西線戰役中，空中力量對裝甲作戰有巨大的影響，但是在俄羅斯的廣袤平原，戰車軍團才是贏得勝利的主要工具。空中支援只能在有限的時間裡保護有限的地域，根本無法達到一九四〇年德國在西線以及一九四四～一九四五年英美盟軍取得的效果。」

3裝甲軍（第13和14裝甲師，第60機械化步兵師和警衛旗隊機械化師）。

進攻於十一月十七日開始。天氣非常糟糕，雪覆蓋了地面，冷人麻木的寒風不停地吹著—儘管如此，德國的進攻卻進展迅速。兩天後德軍就到達了羅斯托夫的北端。不過，就在海岸邊的進攻開始時，留下防守北面軸線的部隊報告稱他們遭到了攻擊，提摩盛科的進攻開始了。

蘇聯第37軍團受命向前進攻，

在紅軍部隊從西湧向羅斯托夫之時，第1裝甲兵團正繼續對羅斯托夫的進攻。一位警衛旗隊的成員這樣形容城內的景象：「城內一片混亂，逃跑中的蘇聯士兵、車輛、馬匹、平民形成數不清的隊伍。所

→德國士兵在觀察羅斯托夫附近的紅軍。左側的德國士兵攜帶的是40型小型火焰發射器，可以很清楚看見它很特殊的圓餅形燃料箱。這種火焰噴射器重21公斤（47磅），雖然燃料的容量減小了，但可以很輕鬆的攜帶。

有隊伍都朝向頓河上的橋樑。手握槍枝的步行蘇軍士兵，還在公共建築前站崗，他們沒有意識到，我們不久就會到達這些橋樑。」十九日，當黨衛軍維京師（作為第1裝甲師的一部分參加了戰役）在清剿北部郊區時，蘇軍就退向了東北。二十一日，羅斯托夫被第3裝甲軍占領，但它的北面防線卻在退縮。第1裝甲兵團和第37軍團之間出現了危險的空隙。提摩盛科想利用這一缺口包圍並消滅第3裝甲軍。

　　第37軍團的部隊受到了蘇聯第9軍團部分兵力的進攻。這些蘇軍已經接近圖茲洛夫河河防線，威脅到德國的側翼和後方。德軍已經失去了在北面和東北面的主動權，無法從這些方向上突破，從羅斯托夫南北突破也不行，因為所有的橋樑都被摧毀了，而且有第56獨立軍團牢牢防守。

　　南方面軍司令切列維琴科能否

重複克萊斯特早先的向海邊的機動和掃蕩行動，從而包圍德軍呢？他自己和蘇聯最高統帥部都是這樣認為的。但是，前線的紅軍嚴重缺乏機動部隊，步兵師，特別是第9軍團的，兵員也非常不足。因此，蘇聯決定採取保守的方式，目標定為奪回羅斯托夫，並且沿海岸攻向塔干洛（Taganrog）。

　　儘管缺少裝甲車和人力外，紅

↑當羅斯托夫的戰鬥結束時，第3裝甲軍的「每日戰況」是記錄了共抓獲一萬名俘虜，繳獲一百五十九門火砲，五十六輛戰車和二列裝甲列車。這當是還不錯的收穫，但比起7、8月的勝利要差很多。這也不是一場完全的勝利，因為紅軍正要發起反擊。

←在羅斯托夫郊區的戰鬥。右邊的車輛使用一號戰車底盤的德國slG33自走砲。1940年2月時，這種武器一共製造了三十八輛，但1943年的時候還有數輛在使用。它裝備的是150公厘的火砲。

↑德國「驅逐戰車」自行反戰車砲行駛在羅斯托夫燃燒的街道上。它裝備有47公厘的火砲，首次被發現服役是在1940年的比利時。巴巴羅沙戰役期間第1裝甲兵團在其序列中就有第670「驅逐戰車」營（反戰車營），該營就裝備這種武器。

軍的部隊作戰非常英勇。德國第44軍297步兵師某人回憶當時的惡戰稱：「在同一天，砲兵六連的火力陣地又被奪回。但是不久後，蘇聯猛烈的反擊又開始了。砲兵為保護自己不得不從一百公尺的距離上直接向蘇軍射擊，最後被迫毀掉榴彈砲並撤退。」

重新奪回羅斯托夫

蘇聯在羅斯托夫附近的反擊計畫很快就制定出來：第56獨立軍團分三路進攻南部，第37軍團從西北進入，第9軍團從東北進入。

十一月二十七／二十八日夜，

行動開始了。第33機械化步槍團的一個連從冰凍的頓河河面穿過，占領了戲院廣場（Theatre Square）上的一個小橋頭堡，羅斯托夫民兵的兩個營占領了水泥廠和相鄰的兩條街。由於冰面太薄，無法承受火砲或戰車，因此只有輕武器可以過河，但橋頭堡守了一夜，迫擊砲部隊在早晨也成功渡過頓河。與此同時，沿整個圖茲洛夫河一線開始了猛烈的進攻。第1裝甲軍團投入了所有的預備隊，並成功的打開一條通道。在蘇聯37軍團到達之前，德國人匆忙放棄了羅斯托夫。在東線，裝甲師第一次拖延敵人，讓其他部隊撤退。

在蘇聯軍隊的追趕下，倫德斯特決定退到更易防守的繆斯河（Mius），並放棄塔干洛。他知道希特勒反對撤退，因此直到開始行動，倫德斯特才通知德國最高指揮部。希特勒果然迅速下令倫德斯特停止撤退堅守陣地，為此南方集團軍司令提出辭職。希特勒接受了辭職，委派賴赫勞接任。

自巴巴羅沙開始以來，紅軍第一次在主要作戰中主導局勢。由於占領卡爾科夫和羅斯托夫之間工業區部隊的側翼容易受到南面的進攻，因此德軍的陣地暴露了出來。羅斯托夫的勝利帶來了很多連鎖效果：蘇聯民眾和部隊得到了急需的士氣鼓舞，在國際舞臺上，保住高加索意味著蘇聯至少有能力堅持到冬天。另外，塞瓦斯托波耳（Sevastopol）的繼續抵抗和羅斯托夫的勝利也讓土耳其加入軸心國

的興趣驟減。

　　對於德國來說，他們在東線遭遇了嚴重的問題。十二月一日，德國陸軍最高司令部對所認為的紅軍實力進行了又一次的評估。結果不令人樂觀。儘管德國在夏天取得了一連串的勝利，而且德軍已經攻至列寧格勒和莫斯科，但最高司令部估計德軍面對的是蘇聯二百個師，三十五個騎兵師以及四十個裝甲旅。此外，蘇聯還有六十三個步兵師，六個半騎兵師和十一個裝甲旅。還有一些未知的部隊正在組建之中。

　　令人吃驚的是，儘管德國俘虜了數十萬蘇軍，但紅軍目前似乎比德國陸軍最高司令部七月二十三日評估時，實力增長了一倍。當然，許多紅軍單位並沒有滿員，缺少有經驗的指揮層和裝備。但不管怎樣，德國陸軍最高司令部警覺了起來，特別是自從希特勒「拒絕考慮任何實力比較數據。對他來說，我

↑德國占領羅斯托夫的時間將會很短暫。蘇聯的反擊於11月27/28日夜開始。在猛烈的戰鬥之後，警衛旗隊師被迫退出該市，促成了德軍的全面撤退。

們的優勢已經從俘虜的數量中得到了證實。」哈爾德稱。

　　倫德斯特對於自己的處境自然感到痛苦。他說：「我之前就要求允許將先頭部隊撤到羅斯托夫以西一百公里的繆斯河。我接到命令可以這麼做後，我們開始非常緩慢地撤退，一路上都在戰鬥。突然，我接到來自希特勒的另一道命令：『停止撤退，留在原地。』我立即回電：『留在原地太瘋狂了。首先是部隊無法這麼做，其次如果不撤

←「這裡沒有戰線，沒有前哨，沒有預備隊。我們分成一些小隊，互相依靠，來防守陣地。我們不得不剝去屍體上的衣服來取暖，不論是蘇軍的，還是德軍的。」（警衛旗隊師一名成員的日記）

退就會被殲滅。我再次強調要麼撤消命令，要麼換人。』當晚，希特勒的回覆來了：『我同意你的要求。請交出指揮權。』之後我就回國了。」

賴赫勞一上任就發現部隊的嚴竣形勢，他要求允許部隊撤退——十二月一日他的要求得到了批准。哈爾德稱：「我們回到了昨天晚上的位置上。同時，我們失去了精力和時間，以及倫德斯特。」

↑德國第1裝甲兵團的部隊在向西撤退。倫德斯特認識到他無法守住羅斯托夫。希特勒很惱火，接受了倫德斯特的辭職，任命賴赫勞接任。後者在1942年1月17日飛往德國途中心臟病發作而去世。

↓在南方集團軍撤退時，其新司令可以瞭解其情況。每個師平均缺員二千人（每個步兵師滿員是一萬六千八百五十四人），而第1裝甲軍團總共缺員二萬人，以及二百輛戰車和一百門火砲。

第八章
莫斯科之戰

最終，中央集團軍被允許開始對莫斯科的進攻。三個裝甲兵團，總共一千五百輛戰車，開始了對莫斯科的攻擊。但是他們能夠在天氣變壞之前占領莫斯科嗎？

在超常的努力之下蘇聯在中央集團軍的前方建起了一道防線。這道防線組成了一個縱深梯隊防禦系統，並且一個接一個分成了數個區域。雖然防線中的一些堡壘還在建設之中，但是德國人將不得不摧毀它們之後，再向莫斯科前進。

德國的情報估計提摩盛科指揮下有六個蘇聯軍團，五十五個師部署在斯摩稜斯克─莫斯科的公路一線，前進總部設在韋亞濟馬。他們還相信在南面，波克雪普（Pokshep）與格盧霍夫（Glukhov）之間，耶里曼科正在

←一輛Panzer38（t）輕型戰車在俄羅斯泥濘的道路上。巴巴羅沙開始時，德國裝甲師共投入了六百二十五輛該型戰車。第7裝甲師裝備了其中的一百六十七輛。這種戰車裝有37公厘火砲，無法與T-34戰車抗衡。

↑德國陸軍非常不幸，1941～1942年的冬天，在歐洲境內的俄羅斯異常寒冷。這些德國步兵為對付嚴寒裝備非常齊全。

組織新的戰線，包括了三個軍團的三十個師，以及後方十到十五個師的預備隊。

實際上，科涅夫已經替代提摩盛科接任成為西方面軍的司令，下轄部隊包括：第16、第19、第20、第22、第29和第30軍團。預備隊為布瓊尼的第24、第43、第31、第

49、第32和第33軍團。雖然看似很強大，但科涅夫實際只有四百七十九輛戰車。

德國軍隊的配置如下。在斯摩棱斯克，赫普納將軍（第4裝甲兵團）和霍斯（第3裝甲兵團）已處於待命狀態。在南面的格盧霍夫有古德林（第2裝甲兵團），他們從

→冬天帶來的好處是結冰的公路表面可以通往車輛，這比夏天要好得多。但一個重要的問題是壓出車轍的路面對懸掛系統的損耗特別大，尤其是彈簧。

←在泥濘的季節中,最好用的車輛是那些離地距離高、重量輕且對路面壓力小的車輛。不幸的是,德國的卡車,如圖中這些,離地高度都較低。

格盧霍夫經奧勒爾向土拉(Tula)進攻。如果古德林當時能夠再北接近莫斯科一點,情況可能會較現在好一些,但是由於要參加對基輔的包圍戰,使得這種假設根本無法實現。

九月二十四日,德軍在斯摩稜斯克的中央集團軍總部討論作戰計

←在德國使用的馬上千匹地死在通往莫斯科的道路上。在沼澤中牽引火砲使得許多馬匹因過勞而死,而食物的缺乏又讓更多的馬死於飢餓。

↑「1941年秋季，當前線部隊已經開始大量被泥濘困住時，德國最高司令部仍相信主力部隊可以克服泥濘帶來的困難，這一思維造成了大量的車輛和裝備損失。」（勞斯，東線第6裝甲師指揮官，後指揮某裝甲軍團）

畫。出席的有波克元帥，集團軍和裝甲兵團的司令，以及陸軍司令布勞希奇和參謀長哈爾德。兩天後簽署了命令。

克魯格的第4軍團和第4裝甲兵團將沿羅斯拉夫爾——莫斯科的公路進攻，施特勞斯（Adolf Strauss）的第9軍團在斯摩稜斯克——莫斯科公路北面發起進攻。之後，二個軍團將會合併將敵人包圍在韋亞濟馬東面。在南方，第2軍團將進攻布里安斯克北面，而第2裝甲兵團則向東北進攻，與第2軍團會合，將敵人包圍在布里安斯克附近。

古德林將向土拉進軍，在更北面的地方保護德軍兩翼。南方集團軍受命向奧博揚（Oboyan）方向

進攻，同時北方集團軍的部隊則向奧斯塔什科夫（Ostashkov）湖推進。這就是占領莫斯科的計畫，代號「颱風」。

中央集團軍集結了四十四個步兵師、十四個裝甲師、八個摩托化步兵師和一個騎兵師。在空軍方面，第2航空軍團的第2和第8航空軍被派遣支援颱風計畫。

波克元帥選擇九月三十日為第2裝甲兵團的攻擊發起日，十月二日為總攻日。但是現在，能否取勝更依賴於天氣，而不是軍團的戰鬥力。

颱風行動開始時天氣晴好，五天後，第4和第3裝甲兵團的先頭部隊在韋亞濟馬包圍了五個蘇聯軍團，包括第30、第19、第24、第43

←大雪讓車隊完全停止不前。在這樣的條件下，德軍不得不每48公里（30英里）部署一個營進行除雪作業。另外，德軍還使用了平民勞力。

和第32軍團。古德林向奧勒爾發起進攻，同時向布里安斯克調遣部分裝甲兵力。布里安斯克十月六日被德軍占領，古德林的部隊於九日與第2軍團會合，包圍了另兩個蘇聯軍團，第3和第13軍團。同時，在布里安斯克的北面，對蘇聯第50軍團的包圍也開始展開。

德軍沒有浪費任何用來組織包圍圈的部隊，向莫斯科的進攻

←德軍在向莫斯科前進期間經常受到狂風襲擊，風形成的雪堆常常使交通中斷。在這種情況下，用鏈子鏟雪毫無作用，因為道路很快又會被雪覆蓋。

↑隨著德軍不斷推進，天氣也越來越冷。德軍遇到的問題是缺少防凍液——雖然這並不適合用於散熱器防冷。因此引擎不得不一直保持怠速，尤其是晚間。

形勢將能夠保持。波克元帥命令第2裝甲軍團（古德林部隊的新番號）十月七日占領土拉，之後向莫斯科的南郊進攻。第4裝甲兵團將將進攻距離莫斯科九十六公里（六十英里）的摩茲海斯克（Mozhaysk）。

看上去，蘇聯的首都很快就要被攻占，但是十月八日下起了大雨，所有的行動就慢了下來。在南面，古德林忙於在布里安斯克包圍圈南側的作戰。這裡的戰鬥，加上天氣惡劣和燃油短缺，對土拉的進攻被推遲了。布里安斯克包圍圈的收縮於十月二十日結束，但是大量的敵軍又一次逃進了森林，之後又成為游擊隊，重新出來作戰。德軍更有希望的是韋亞濟馬附近的戰

役，於十月十四日結束。

韋亞濟馬和布里安斯克兩場戰役取得了在豐富的戰果：六十七萬三千名戰俘、一千二百四十二輛戰車以及五千四百一十二門火砲。蘇軍八個軍團（共八十六個師，含十三個裝甲師）被殲滅。

希特勒滿懷信心地認為莫斯科最終將被占領。十月十二日，德國陸軍最高指揮部簽署命令：「希特勒再次重申，不接受莫斯科的投降，即使由敵人提出……任何從城裡出來或經過我們陣地的人，都要向其射擊，並將其擊退……讓德國士兵冒生命危險撲滅蘇聯城市中的大火，或用德國的費用供應蘇聯民眾食品都是極不負責的。」

第2裝甲和第4軍團以及第4裝

甲兵團在莫斯科會合。這裡道路的泥濘程度非常嚴重：政府和外交人員都於十月十六日撤到了伏爾加河上的古比雪夫（Kuybeyshev），不過史達林本人留在了克里姆林宮，並於三天後宣布進入圍城狀態。

十月後半月的顯著特徵就是厚厚的泥濘，德國陸軍陷入其中無法行動。道路變得無法通過，部隊的速度都變慢下來，甚至完全停頓。整個晚上德國的車輛都在試圖通過沼澤地，燃料消耗增加了三倍。

車輛開始出現損壞，馬匹也因為勞累和飢餓而成百上千地死亡。火砲和重型裝備的運輸停頓了下來，唯一能行動的是履帶式維修車輛。古德林寫道：「道路變成了無底的泥漿帶，我們的車輛只能在嚴

↓一輛被擊毀的蘇聯KV-1重型戰車。這種戰車1941年時在德軍中造成恐慌。德軍的37公厘反戰車砲無法對它造成傷害，許多KV-1戰車直接從德國的Pak火砲和砲兵上面輾過去。該戰車裝備76.2公厘火砲，乘員五人。

↑1941年底在莫斯科西部的蘇聯BT中型戰車。它裝有45公厘火砲，乘員三人。其裝甲厚度只有22公厘（0.86英寸），因此1941年時損失了數千輛。

重磨損的情況下以蝸牛的速度前進……接下來的幾周都是這樣的泥濘。輪式車輛只能在履帶式車輛的牽引下前進。而後者因為並不適合這樣的任務，而很快出現損壞。」在談到快速機動部隊時，這位裝甲指揮官嚴厲地指責希特勒生活在「幻想世界中」。

整個前線的進攻停了下來。T-34戰車的數量在不斷增加，這更讓德軍苦惱。德軍的通信也受到了影響，偵察車無法向總部報告，使得戰略指導不能進行。增援部隊即使能夠到達前線，也是零星地到達。不得不依靠車輛運輸的燃料開始出現短缺，這進一步降低了機械化部隊的戰鬥力。

到一九四一年十月底，蘇聯境內德國陸軍的狀況非常差。在東線的一百零一個步兵師只相當於完整情況下六十五個師的實力，而十七

個裝甲師的戰鬥力只相當於六個完整裝甲師。古德林之前雖然對攻打莫斯科非常熱情，但此時也表示他的部隊無法完成這一目標。以其下屬的一個裝甲軍為例，六百輛戰車中只有五十輛可以戰鬥。

十一月開始的低溫讓德軍吃盡苦頭。古德林寫道：「刺骨的嚴寒，缺少避護所和衣服，人員和裝備的大量損失，燃料供應的不足，這些使得指揮官的責任成為一種痛苦，我越來越感到身負的責任讓我無法承受。」

前線軍官對冬裝和防寒服的需求無法得到滿足，因為沒有運輸能力從後方的補給倉庫運送這些物資，鐵路都被用來運送彈藥和燃料。

另一方面，蘇聯對惡劣天氣的準備充分。但是紅軍先前遭受了重大損失，正處於力量耗盡的狀態，

沒有預備隊來發起實質性的反擊。因此紅軍主要進行小規模的行動，以延遲德國的裝甲部隊。蘇軍通常的手段是放置反戰車障礙及其他簡易的方式。

　　德軍繼續痛苦地前進。第4軍團到達了納羅福明斯克（Naro-Fominsk）附近的奧卡河（River Oka）。第9軍團在加里寧（Kalinin）進行了艱苦的戰鬥，之後在勒熱夫（Rzhev）北面建立了防線，並與北方集團軍的南翼在奧斯塔什科夫附近會師。但天氣在一天天地變壞。

　　波克十月二十五日在日記中這樣寫道：「第4軍團面臨的抵抗正在增強。敵人從西伯利亞和高加索調來新的部隊，在莫斯科西

←在向莫斯科發起下一輪進攻前進行的一次動員。這次宣傳是在颱風行動開始時。雪還沒有下，但是天氣仍然很冷，可以看到發言的軍官穿得很多。

南方向的公路兩邊發起反擊。第4軍團的南翼因為道路泥濘大部分火砲無法及時運到，不得不轉入防守。在第4軍團的北面，第4裝

←德國的MG34機槍小組跑著構建火力點，以掩護步兵前進。這種武器安在三腳架上，理論射程可以達到2000公尺（6600英尺）。德軍的步兵火力主要依靠MG34機槍，德軍認為它等同於二十個步槍兵。

→這些部隊都完整裝備了冬天的服裝，但是隨著颱風行動展開，許多師級指揮官開始擔心冬季服裝總體上的供應不足問題。醫生們發現前線的部隊因敵軍的壓力，在極度嚴寒的條件下精神上變得麻木。

↓在一座燃燒的村莊中前進。注意右邊攜帶機槍彈藥的士兵。颱風行動中補給問題變得非常嚴重。第3裝甲兵團的第1裝甲師就因為嚴重的燃料短缺而不得不放棄了對加里寧的突擊。

甲兵團的左翼在沃洛科拉姆斯克（Volokalamsk）取得了一些進展……在加里寧附近，蘇軍發起了新的猛烈反擊，他們在加里寧的西面向東南方向越過伏爾加河。」

「但是如果從更大的範圍來看，所有這一切都沒甚麼。只是由於中央集團軍的分散和惡劣天氣使得我們的進攻停頓。蘇軍正在贏得時間，以重建被打垮的部隊和鞏固防線，他們控制著以莫斯科為中心的鐵路和公路。這些都對我們很不利。」

儘管古德林很苦惱，他依然率領部隊前進，其先頭部隊於十月三十日逼近土拉，但沒有實力占占領該市。其右翼受到了蘇聯騎兵的進攻，經過幾天的戰鬥後在泰普洛伊（Teploye）擊退了蘇軍。但偵察部隊發現更多的敵軍已進入該地區。第2軍團，目前轉向南方，已到達庫斯克（Kursk），但南方集團軍的北翼部隊被攔截在別爾格羅德（Belgorod），使得德軍前線出現了一百二十八公里（八十英里）寬的缺口。

進攻到了關鍵階段。在戰略層面上，德軍占領了頓巴次、卡爾科夫，並威脅到列寧格勒和塞瓦斯托波耳，德軍已經突破莫斯科的第一道防線，距離該城市只有八十公里（五十英里）。在如此近距離的情況下撤軍是不可想像的（尤其對希特勒而言），所以陸軍最高指揮部決定下令繼續對莫斯科的進攻。波克元帥寫道：「……最後一個營將

↑颱風行動中的一支裝甲部隊。德國戰車的一個重大缺陷是其履帶過窄，圖中可以明顯看出。再加上其離地高度低使得它們容易陷進雪裡無法動彈。在東線經歷了第一個冬天後，德國開始使用可拆卸的寬履帶。

決定勝負。」

紅軍決不投降

在十一月初，氣溫終於降到零下，道路也變得堅硬起來，車輛終於可以通行。

儘管受泥濘影響，德軍的戰鬥力下降不少，但還不算太壞：步兵師相當於原來的百分之六十五，戰車數量降到了最初的百分之三十五。更重要的是，部隊的士氣仍然較高，持續作戰的能力還很強。只要繼續前進，他們的士氣就可以保持，即使每天都非常的艱苦。

紅軍的士氣也在提高，毫無疑問是受到了朱可夫被任命為西部方面軍指揮官的鼓舞。蘇聯的抵抗不斷增強，由於西伯利亞和高加索的新部隊到達，反擊密度也在提高。在莫斯科周圍，防守工事正在建立——三條內城防線在莫斯科衛戍部隊的直接控制之下。

防守莫斯科的方法非常適合史達林主義者：二十萬莫斯科人被徵召入伍，經過二十八天的訓練後就被派往前線；超過五十萬的老人、婦女和兒童被動員起來構築防禦工事，最終建成了一千四百個碉堡，九十六公里（六十英里）長的反戰車壕溝以及八千公里（五千英里）

↓哥薩克士兵在莫斯科附近偵察。蘇聯當局在20世紀30年代花了很大精力消除哥薩克人中的國家主義情緒。在巴巴羅沙行動中，哥薩克部隊在掩護蘇軍撤退和從事中偵察任務中發揮了重要作用。

長的步兵戰壕。蘇聯最高統帥部簽署了嚴格而明確的命令決不容忍「一個鎮接一個鎮地放棄」。史達林也給朱可夫調派了十萬人、三百輛戰車和二千門火砲以擊退德軍的進攻。

　　波克在一九四一年年底抓住占領莫斯科的最後機會，這可能是唯一的一次機會了。第2裝甲軍團將在進攻土拉部隊的掩護下，奪取莫斯科河（Moskva）上的科洛姆納（Kolomna）。另外，該軍團還需要保護自身的東側，因為第2軍團太弱，無法完成這個任務。第4集團仍將保持防禦狀態，但其北翼將與第3和第4裝甲兵團一同向伏爾加運河進發。第9軍團將向加里寧的東南方向前進。

　　只有在這些目標都實現之後才可以開展對莫斯科的近距離包圍。進攻正式開始的日期是：第9軍團和第3裝甲兵團是十一月十五日；第4裝甲兵團和第2裝甲軍團為十一月十八日。

　　進攻開始了，首先展開的是閃擊戰。第3裝甲兵團吃掉了莫斯科北面羅科索夫斯基（Konstantin Rokossovsky）的蘇聯第16軍團。雖然蘇聯士兵作戰很優秀，但是一天的戰鬥後第17騎兵師原編制為九千二百四十餘人，卻只剩下八百人。朱可夫試圖利用第16和第30軍團保住莫斯科西北的科林（Klin），但它們都被打散。科林於十一月二十四日淪陷，朱可夫後來寫道：「羅科索夫斯基的每個團平均只剩一百五十至二百人—編制

上應是二千七百人」。但是，蘇聯空軍此次戰役中比德國空軍積極，因為德空軍受到了嚴寒和短缺的嚴重影響。

消耗的影響

　　零下的溫度正侵蝕著德軍的士氣。機槍和引擎都失靈了，但德軍還在前進。古德林的軍隊猛攻土拉北面的蘇聯第50軍團，這使得其許多師都名存實亡。例如，第108戰車師開始戰役時只有二千人和二十輛戰車（編制上應有一萬一千人和三百七十五輛戰車）。到進攻當天結束時，該師實際上已經不存在了。

　　到十一月底，第9軍團的右翼到達了加里寧和水壩之間的伏爾加河，第3裝甲兵團經過科林和伊斯特拉（Istra）到達了德米特羅夫（Dmitrov）南面的伏爾加河。十一月二十七日，第2裝甲師離莫斯科只有三十二公里（二十英里）。

第二天第7裝甲師派出先頭部隊從德米特羅夫南面越過伏爾加河，但在蘇聯猛烈的反擊下無法前進。十一月二十八日，波克向哈爾德報告稱：「如果幾日內他們不能擊潰莫斯科西北防線，進攻就必須放棄。敵人明顯還有大量的預備隊和物資補給，這樣下去只能是一場毫無意義的作戰。」

在南面，被迫緊盯其兩翼的第2裝甲軍團開始失去進攻力道。其第8裝甲師於十一月二十五日到達喀爾希拉（Kashira），但之後因遭到猛烈進攻而在該處停頓了兩天。古德林於十一月二十七日請求第4軍團的增援。該軍團之前受命越過奧卡河（River Oka）。實際上，第4軍團無法完成這個任務，所以之後接到命令放棄進攻而轉為鞏固其在土拉附近的陣地。同時，第2軍團也在蘇軍反擊之下停止了進攻。

颱風行動的最後戰鬥是在十二月一日的早晨，克魯格指揮第9軍

↓1941年11月伊斯特拉附近射擊中的蘇聯火砲。這些火砲看上去應是1910型152公厘野戰榴彈砲。它可以追溯到沙皇時代，蘇聯人把任何可以發射東西都用上了。

團下轄的第20軍沿莫斯科─明斯克的公路發起進攻。該軍開始成功突破了蘇聯第33軍團的防線，從納羅（Naro）向福明斯克前進了三・二公里（二英里）。看上去第20軍將要從蘇聯第33和第5軍團之間成功突破，但是朱可夫發動的反擊不僅讓德軍停止了進攻，還退了回去。颱風行動徹底結束。

德國陸軍最高司令部意識到一九四一年再進行進攻也是徒勞，同意了波克的建議，將第3和第4裝甲兵團向西撤到伊斯特拉─科林一線。第2裝甲軍團退回到頓河，而主要由步兵師組成的第4和第9軍團

已經進入防禦陣地。

對莫斯科的進攻就是一場賭博。德國人輸了，他們現在不得不承擔後果。德國首當其衝面臨的問題就是消耗。十二月一日哈爾德關於東線軸心國軍隊狀況的記錄是：「自六月二十二日，在東線傷亡共講七十四萬三千一百一十二名（不包括病員），占約三百二十萬總兵力的百分之二三・一二……在東線，陸軍缺員三十四萬人，占步兵作戰兵力的百分之五十。連級單位的作戰人員只有五十至六十人。在國內，只有三萬三千人可以調用。最多只有百分之五十的運輸車輛可

↑德國三號戰車停在通向莫斯科的路上。儘管天氣非常惡劣，德軍還是竭盡全力要奪取蘇聯的首都。例如，第3裝甲兵團第6步兵師，在道路條件差，作戰異常激烈的條件下，兩周內前進了400公里（250英里）。

以運行。重建一支裝甲師需要六個月的時間……我們甚至無法補充摩托車損失量的百分之五十。」據估計，此時德國在整個東線只有七萬五千輛卡車可用。

蘇聯最高統帥部獲悉了德軍的情況，立即利用他們的戰果。德國陸軍處於危險的境地之中，疲於作戰的軍隊在廣闊的戰線上苦苦支撐，他們已經沒有預備隊可用。這已經夠不利了，但是對莫斯科的進攻讓許多參與的部隊暴露突出的戰線上。此外，突出在外的部隊中包括了德國裝甲部隊的精華，儘管已經損失不少。

希特勒十二月八日簽署了第三十九號令。雖然他同意軍隊應轉向防禦，但他強調這一地區「對敵人的軍事上和經濟上都有重大意義」，必須占領（他沒有具體說明手段）。另外，士兵也被允許休息和恢復體力，雖然只是為了下一次的進攻：「陸軍的主力……將儘快在陸軍參謀長劃定的可維持的防線上轉入防禦……退守的防線不應受到敵軍的壓力，後方設施要提前建立起來，與以前的陣地相比，要能為士兵提供較好的生活和防禦條件……防線的選擇必須方便提供住所和易於防守，運送補給也比較方便的地區。」希特勒也提到要提供設施「適合於一九四二年時重新發進攻。」

希特勒的部隊到一九四一年十月底離莫斯科只有幾天的路程了。如果颱風行動開始的時間適當，德

↓1940年10月底，德軍離莫斯科只有80公里（50英里）。但是，他們面對的是蘇軍頑強的抵抗和彈藥的嚴重短缺，這極大地影響了德軍的戰鬥力。第1裝甲師沒有足夠的彈藥消滅加里寧以東的蘇聯軍隊。

←1941年12月，步兵和一輛StuG III突擊炮在颱風行動的最後階段。蘇聯當局稱：「希特勒被其錯誤的戰略和我們的英勇抵抗所擊敗。」天氣也幫了不小的忙。

軍可能已經占領了莫斯科，並在舒適的軍營裡過冬了。現在困難重重的補給問題肯定也會很容易解決了。

　　希特勒仍在談論狂熱的抵抗，他說「意志力」將可以克服德軍在東線遇到的困難。而在前線的人卻不這麼想。古德林提到：「我們因進攻莫斯科失敗而受到了嚴重的打擊，這種情況在接下來的幾周還會進一步加劇，這都是因為最高當局（希特勒）的僵化：儘管我們提交

←12月的某一天，溫度降到了零下35攝氏度（華氏零下61度），這使得許多德國摩托車無法啟動。

→在1941年氏莫斯科附近的德軍中，凍傷成了常見病。一次，德軍的一個連在壕溝中待了一天，因為晚間的突然降溫，九十三人中有六十五人凍傷。僅第4軍團就有二千人凍傷。

↓颱風行動中的戰車損失量也很大。第6裝甲師10月16日有六十輛戰車，到12月1日戰車數減少到四輛。同一時間段，第7裝甲師的戰車數也從一百二十輛減少到三十六輛。

了許多報告，但這些在東普魯士的人卻無法真正認識到士兵們在冬季作戰的惡劣環境。對情況的忽視導致了他們多次對作戰部隊提出了過高的要求。」

德國的前線部隊吃力地與補給短缺和惡劣天氣做抗爭。而紅軍，雖然在過去的六個月一直處於無序和防禦狀態，但是現在他們要發起對德軍的反擊。對於成千上萬在散兵坑中瑟瑟發抖的德軍士兵來說，將要面臨一個漫長而艱苦的冬天。

第九章
紅色風暴

在莫斯科城下成功阻止了德軍的進攻後，朱可夫率領他的部隊攻擊過度延伸且兵力不足的德軍，從而挽救了蘇聯的首都─但是史達林仍堅持全面的進攻。

當希特勒的部隊接近莫斯科時，城內的人們因恐懼而戰慄。史達林堅持留在城裡，駛向郊區的火車上運送的是「國民衛隊」，其實就是城市社區和工廠中的平民，他們缺少訓練，裝備也很差。在前線，他們只是聽了簡短的戰術介紹，配發一枝步槍或幾個「莫洛托夫雞尾酒」（實際是僅僅是一瓶汽油加上一個燃燒的布條）。

到十一月中旬，史達林致電朱可夫（西部方面軍司令），詢問他：「我們能守住莫斯科嗎？」朱可夫認為如果增加兩個軍團和二百輛戰車應該可以守住。兩個軍團很好解決──第1打擊軍團在北面的亞哈若馬（Yakharoma），第10軍團的八萬人在南面的里雅占（Ryazan），但是史達林沒有後備的戰車了。

德軍正飽受著因道路條件惡劣和卡車適應性差所帶來的補給短缺困擾。紅軍也存在補給短缺問題，因為蘇聯的工廠要不被德軍占領要不正在向東運輸的途中。一九四一年十一月，蘇聯砲彈的產量降到了略高於三百萬發，因為有三百零三座彈藥工廠停了工。頓巴次地區和莫斯科盆地煤礦的丟失導致蘇聯失去了三分之二的煤炭來源，以及四

分之三的鐵和錳產量。另外，在接近年底時，一九四一年六月生產的鋼中只有不到一半用於生產裝備，而生鐵只使用了三分之一。

隨著西部和南部工廠的丟失，

↓ 在極端寒冷的條件下，德軍士兵發現用槍射擊變得十分困難。當他們試著開槍時，槍栓會被卡住，撞針會斷裂，防凍劑在槍內被凍住。

→西班牙藍色師1941年12月撤退。西班牙獨裁者佛朗哥派出了一萬八千人的志願者參加在蘇聯「討伐布爾什維克主義之戰」。他們被編為第250步兵師。

↓哥薩克騎兵1941年12月底在中央集團軍的後方。這支騎兵部隊在1941年至1942年冬天的反擊中充當先頭部隊，深入德軍後方縱深。

蘇聯工業勞動力也在減少。一九四一年十一月，工業勞動力不到二千萬人；而一九四〇年時是三千一百萬。許多工人被德軍抓走，但大部分還在向東遷移的途中。

蘇聯到一九四一年十月時的損失

到一九四一年十一月，德軍在東線共俘獲了三千五百萬蘇聯人，相當於摧毀了蘇聯第二重要的地區，烏克蘭。

到一九四一年十二月初，蘇聯出現了希望的曙光。蘇聯在東京的間諜佐爾格（Richard Sorge）傳回情報稱日本不會進攻在蒙古的蘇軍，因此蘇聯從遠東調派了戰車和部隊增援西線。朱可夫終於可以重建自己的部隊。增援部隊從一九四一年十月開始陸續到達，總共有十八個師，一千七百輛戰車和一千五百架飛機。在南方，提摩盛科率領洛帕京（Lopatin）的第37軍

團和哈利托諾夫的第9軍團將德國人趕出了羅斯托夫。在西北面，蘇聯的數個步兵營在T-34戰車的幫助下重新奪回了被摧毀的提赫文（Tikhvin），迫使德軍退回沃爾庫河。這雖然是一次小勝利，但是卻非常關鍵。因為它阻止了德軍和列寧格勒東面的芬蘭軍隊形成對列寧格勒的包圍。

　　一九四一年十二月五至六日，蘇聯開始了莫斯科前線的反擊，戰線從北面的加里寧一直延伸到南面的葉勒茨河（Yelets），全長八百公里（五百英里）。朱可夫發動了加里寧，西部方面軍及西南方面軍。紅軍突襲了冷得瑟瑟發抖的德軍，分散的各部隊竭盡全力要保住性命。在科林，德國第3裝甲師只

有一條冰凍的道路可以撤退，因此路上很快就塞滿了德軍的傷員和重型裝備。蘇聯部隊十二月十三日完成了對科林和加里寧的合圍，但是第3裝甲師還是成功撤出了。這樣，紅軍就解除了莫斯科北面的威脅。

　　在南面，古德林的第2裝甲軍團是一個誘人的目標，朱可夫調動了第10、第49和第50軍團對其展開進攻。蘇聯的部隊向土拉西北、正北以及東北發起進攻，而哥利科夫（Golikov）的第10軍團威脅著德軍的撤退路線。

　　蘇聯對加里寧、科林、伊斯特拉及葉勒茨河的進攻一直持續到十二月中旬。儘管蘇聯的資源壓力也很大，但是許多德國指揮官感到他

↑德軍在前線開始接收的替代戰車是Panzer 三號，裝備長身管的50公厘火砲。不幸的是，它在對抗T-34戰車時毫無用處。

們的對手有無盡的兵員和機械。朱可夫的三支主力軍——第33、第43和第49軍團在十一月的防禦戰當中，為了瘋狂的側翼進攻已經耗盡了每一個人的精力。在當前的反擊，他們被安排在增援名單的最後。彈藥和燃料都供給不足，而朱可夫的進攻先頭部隊—機械化和戰車部隊嚴重缺少戰車和卡車。

朱可夫要求展開「連續的進攻」，儘快地突進德軍的後方。蘇軍不會正面進攻德國的後衛部隊和據點；他們只是繞道而行或者只是將其包圍。朱可夫的目標是摧毀德軍的中央集團軍，但是史達林在莫斯科前線勝利的鼓動下，想要摧毀德軍的北方、中央和南方三個集團。為此，新組建的沃爾庫方面軍指揮官安德烈·茨丹夫（Andrei Zhdanv，隸屬默里斯科夫將軍指

揮）以及第26和第59軍團的指揮官被召集到蘇聯最高統帥部，商討衝破列寧格勒的封鎖。第54軍團（列寧勒前線）將從拉多加湖南面出發，與沃爾庫方面軍的第4軍團會合。同時，西北戰線的右翼將清掃整個史塔拉亞魯薩和索利齊地區的伊爾門湖低岸，之後朝盧加河北進，而沃爾庫方面軍的左翼部隊將向諾夫哥羅前進。這樣，德軍的北方集團軍將被消滅。

加里寧和西部方面軍的蘇軍將摧毀中央集團軍，他們還可以得到來自北面的援助。十二月十七日，沃爾庫方面軍的蘇軍接到通知，其左翼將經托羅佩茨（Toropets）攻入中央集團軍的後方縱深，直達斯摩稜斯克的西面。南方和西南戰線將解放頓巴次地區，而高加索前線，在黑海艦隊的支援下將奪取塞

↓「許多掉隊的士兵獨自或結成隊向西前進。當被捕時，他們毫不掩飾地說他們的目的地是德國，因為「戰爭已經結束」。這些人會被交給最近的作戰部隊，以恢復鬥志。」（勞斯將軍）

瓦斯托波耳，並肅清了整個克里米亞半島。

對紅軍來說，不幸的是，史達林過高的估計了蘇聯的實力。十二月的反擊阻止了德軍對莫斯科的進攻，這雖然是一場重大的勝利，但是，即使面對的是戰線拉得過長的德軍，史達林仍沒有實力奪回一九四一年六月前被德軍占領的土地。

在一九四二年一月五日的蘇聯最高統帥部全體會議上，史達林正式提出一項「全面」進攻計畫，利用蘇聯九條戰線上的部隊進攻德國的三個集團。朱可夫非常不高興。雖然中央集團軍已經被打亂，但是在南方和列寧格勒周邊，紅軍將面對的是德軍準備充分的防守和完好無損的德軍部隊。

但是史達林已經做出了決定。他的支持者有提摩盛科、貝里亞（Beria），人民內務委員會的領導、國家防禦委員會（GOKO）成員等。新的進攻計畫於一月七日展開。

開始時，一切都很順利：西北方面軍的第11軍團橫掃伊爾門湖的南角，越過德國在史塔拉亞魯薩的據點，直插北方。沃爾庫方面軍也在同一樣向前推進，但是他們在人員和補給的輸送上遇到了巨大的困難：部隊只有百分之二十五的食物、燃料和彈藥。

兩支「突擊軍團」，普爾卡耶夫（Purkayev）的第3軍團和耶里曼科的第4軍團——一月九日發起進攻。後者受命穿插到中央集團

↑T-34戰車在進攻。德國可以從遠距離擊毀這種戰車的武器只有裝備了75公厘火砲的四號戰車和裝備88公厘高射砲，這兩種武器在中央集團軍裝備的都很少。

軍的後方縱深。該集團的兵力包括：八個步兵師，三個步兵旅，加上一些戰車、火砲以及卡秋莎（Katyusha）多管火箭砲。紅軍的補給情況也不盡如人意，第4突擊軍團佔領德軍在托羅佩茨的基地後將重新進行補給，第3突擊軍團開始時很順利，直到在霍爾姆（Kholm）遇到德軍強烈地抵抗。耶里曼科繼續向西進攻，並到達了傑米多夫（Demidov），離斯摩稜斯克不足一百六十公里（一百英里）。

科涅夫所在的加里寧方面軍試圖在勒熱夫和韋亞濟馬之間包圍德軍第9軍團。在德軍防線上撕開一個缺口後，科涅夫把蘇聯第11騎兵軍派了進去。在南面，朱可夫也在向韋亞濟馬進發，將部隊派向德國第2裝甲軍團和第4軍團之間的「卡路加（Kaluga）缺口」。整條戰線都是傳奇式的勝利：蘇聯

↓朱可夫的反擊部隊著冬裝在進行中。他們的戰術是分割，然後消滅德軍的陣地。為了達成這一目標，他們使用了騎兵，雪地部隊，空降部隊以及游擊隊。

第10軍團包圍了德軍在蘇希尼奇（Sukhinichi）的要塞，這是德軍連接南方的重要鐵路要道。但到一月底，進攻已經失去衝勁。

西北方面軍的部分，史塔拉亞魯薩還在德軍的手中。雖然德軍第2軍（屬第16軍團）的七個師已經被圍在德米揚斯克（Demyansk）包圍圈中，但是在沒有消滅這些德軍之前，蘇聯的西北方面軍也無法向西推進。

慘重的損失

史達林開始了對局勢的個人干涉，這使得朱可夫的問題更加複雜。例如，為了解決蘇希尼奇的問題，史達林命令羅科索夫斯基的第16軍團從朱可夫的右翼派到南方去部署。慘重的損失正在讓他們實力銳減。到了一月末，加里寧方面軍的戰車數量減少到三十五輛。第4突擊軍團的第249步兵師開始進攻

←在撤退時，爆破可用於炸毀可能會落入蘇軍手中的裝備。第6裝甲師正用這種方法炸毀88公厘的火砲。注意前面的反步兵地雷。

時有八千人，到此時只剩下一千四百人。布里安斯克前線第30軍團的五個步兵師加起來僅一萬一千五百餘人，而西部方面軍的戰車旅，每個旅也僅剩十五至二十輛戰車。另外，空中掩護也開始中止，因為蘇聯的地面部隊已經超出了轟炸機和戰鬥機的航程，而前線機場還沒有建立起來。

　　如果韋亞濟馬能被奪回，德軍第9和第4裝甲兵團軍仍將處於包圍之中。因此，朱可夫繼續進攻。到了一月二十二日，二千人的蘇聯傘兵部隊被空投到齊拉尼葉（Zhelanye），韋亞濟馬以南四十公里（二十五英里）。在這裡，他們將與已經突破德軍防線的紅軍騎兵部隊會合。但是，向韋亞濟馬南面空降整個第4空降軍的計畫失敗了，德國空軍的轟炸機將蘇聯的運輸機摧毀在防空薄弱的機場上。第

4空降軍還沒有起飛就被擊敗了。一月二十七日到二月二日間，第8空降旅成功進行了空降，共有二千三百二十三人空降到了韋亞濟馬附近。但到了地面上，只有一千三百二十人會合到了一起。其他人都分散在韋亞濟馬附近廣袤的沼澤中。

↓在雪地中黨衛軍的基地。1941年12月至1942年3月間，僅中央集團軍就損失了二十五萬六千人，以及五萬五千輛摩托車、一千八百輛戰車、一百四十門重型火砲和超過一萬把的機槍。

↑1941年12月，德軍使用炸藥炸毀地面的臨時庇護所。在從莫斯科撤退時，德軍費了很大力氣在冰凍的地面上建起了庇護所和砲臺。

朱可夫在蘇聯進行反擊前曾寫道：「德國陸軍異常強大，但是強大的背後也有弱點。德國士兵接受的訓練使他們過於依賴裝備。他們的實力來自於對武器的盲目信心。我們的士兵很自立，他們寧願戰死也不讓步。我們一次又一次看到，即使是一流的德國士兵，在他們的戰車和大砲變得不堪一擊時，也會表現出失去信心的模樣。如果能成功摧毀德軍的器材，在它們無法使用之後，我們就可以展開行動，勝利必然是我們的。」但是德軍的行動證明他們同樣擅於近距離作戰。對韋亞濟馬的進攻開始放緩。德國強大的援軍阻擋了來自南面和東面的強攻。蘇聯第33軍團的各師都只剩下二千人左右，一些甚至還不

到。

一九四二年一月和二月，在中央集團軍竭力自保的時候，南方集團軍正在努力阻止提摩盛科的方面軍。「伊茲姆（Izyum）突出部」從頓內次向德軍陣地內延伸了九十六公里（六十英里），讓紅軍可以通過這個跳板向卡爾科夫或第聶伯城發起進攻。如果提摩盛科到達第聶伯城和扎波羅結，他就可以將南方集團軍分割成兩塊，並奪取關鍵的補給線。

蘇德雙方都認識到了這一重要性，因此雙方在突出部展開了七十天的慘酷戰鬥，提摩盛科的步兵和騎兵師最終突破了德軍的防線。在克赤（Kerch）半島，克里米亞前線的部隊被迫退出費奧多西亞港

（Feodosia），無法從克赤向西進入克里米亞半島。

在列寧格勒，默里斯科夫的沃爾庫方面軍試圖在一月突破德軍的防線。列寧格勒方面軍的第54軍團加入了進攻，但是在七十二小時內，他們只是打光了所有的彈藥，卻沒有前進一步。默里斯科夫繼續與德軍作戰，並在一月底成功在德軍的沃爾庫河防線上撕開一條十九公里（十二英里）長的缺口。他向這個缺口派出了第13騎兵軍和第2突擊軍團的主力。通過這個通道，蘇聯的騎兵、雪地營和戰車向西前進後，再轉向西南朝盧班推進。但是在該鎮南面的柯拉斯奈亞哥爾喀

（Krasnaya Gorka），蘇軍遇到了德軍的猛烈抵抗。在整個二月，第2突擊軍團都在試圖前進，第54軍團也重新開始了進攻。但是由於這條通道太窄，進攻最終失敗。在三月，德軍開始反擊，關閉了第2突擊軍團與蘇聯占領區之間的通道。第2軍團因此遭到殲滅。

史達林龐大的進攻計畫在一九四二年二月底落下帷幕。蘇軍雖然仍占據這陣地（除了在南方），但卻在進攻中耗盡了實力，而且還沒能對德軍造成致命的傷害。二月初，德軍中央集團軍重新在勒熱夫建立了正面。儘管蘇軍對韋亞濟馬展開了大規模的進攻，但它在德軍

↓游擊隊在朱可夫的反擊中作用不大，但是他們的存在給中央集團軍帶來了不小的麻煩。總體來說，游擊隊從德軍後方的沼澤和森林發起攻擊，通常靠近公路。在蘇軍大規模的突擊作戰中，游擊隊可以與正規部隊協調行動。

↑裝備精良的西伯利亞軍隊向前線調動。紅軍的雪地部隊在1941～1942年的冬天發揮了很大的作用。12月時，他們在莫斯科西面成功對德軍第6裝甲師和第3裝甲兵團第56裝甲軍的部分部隊進行了分割。可以看到西伯利亞軍的褐色制服十分顯眼。

控制之下。

蘇聯最高統帥部一九四二年三月底向朱可夫下發了修改後的命令，要求他進一步向西前進到距斯摩稜斯克不太遠的地方。另外，韋亞濟馬、勒熱夫和布里安斯克要在四月初之前奪回。這完全是單純的幻想。在三月中旬，提摩盛科還考慮在布里安斯克、西南方面軍及南部方面軍發起大規模的進攻，以奪取向西三百二十公里（二百英里）的基輔。他在三月中旬向蘇聯最高統帥部提交了這一建議。不久，該計畫的規模被縮小，改為進攻卡爾科夫。在三月底，德軍成功解除了德米揚斯克包圍圈的危機，紅軍數周前看似唾手可得的勝利變為了泡影。

這一階段紅軍因不間斷的行動而消耗很大，也遭到了慘重的損失，其裝備和彈藥都出現了短缺。這很大程度上應該是史達林的責任，他沒能理解其龐大戰略計畫的複雜性，忽視了蘇軍在實力上的不足。

雖然紅軍沒有能夠殲滅德軍的集團軍，但仍取得了重大的勝利。紅軍打破了德軍在西歐和巴爾幹靠閃擊戰建立的不可戰勝的神話。日本陷入與美國的作戰而不可能在遠東給蘇聯造成威脅。二戰前給日本造成的重創，加上德軍進攻蘇聯的失敗，可以確保史達林不用擔心日軍的問題。因此，紅軍不再是一支敗軍，而成為一支充滿信心的軍隊。這一點從蘇軍的反擊中就可以

看出。在長達一千六百公里（一千英里）戰線上，紅軍估計消滅了敵軍五十個師。在一些地區，德國被擊退了三百二十公里（二百英里）。蘇軍已完全控制了莫斯科和土拉地區，以及加里寧、斯摩稜斯克、奧勒爾和庫斯克的部分地區。約六十個城鎮和一萬一千個小型的村落聚居區被解放。另外，一個新的要素加入到戰爭中來，它就是：游擊隊。

組建游擊隊的主張首次出現在一九四一年六月，當時莫斯科號召人民組織游擊隊，「在所有地區開展打擊德軍游擊戰，包括炸毀橋樑、公路、電話線，摧毀倉庫等。」在共產黨幹部的組織下，一九四一年八月開始了首次游擊戰時期，但不是很成功。主要的原因包括：缺少武器，德軍的快速推進導致組織被打散，以及許多地區的平民與德軍勾結。但是，隨著戰爭的進攻，大量的游擊隊在德軍的後方組建起來。

許多游擊隊是在一九四一年的大規模包圍戰中建立起來的，歷史學家克拉克（Alan Clark）寫道：「掉隊的士兵們經常趁黑夜溜出德軍裝甲部隊包圍圈，但他們卻發現離己方陣地非常遙遠，這些人通常都有逃亡的傾向。另外，一些地方武裝也轉入他們所熟悉的農村進入地下活動。這些人就成了一九四一年夏天把白俄羅斯攪得雞犬不寧的搶劫組織。他們搶劫和掠奪物資，但只有為了活命而必須開槍時才與德軍交火。」但是，隨著戰爭的繼續，游擊隊的活動也在增加，最後迫使德國不得不投入更多的軍事資源到後方執行保衛任務，而且由於

↓紅軍的一個步兵小隊在進攻。圖中有兩腳支架的機關鎗是7.62公厘的戴格塔里耶夫機鎗，俗稱「電唱機」，因為鎗上部的圓形彈夾而得名。這是紅軍步兵單位的標準支援武器。其餘人手持的是步槍和衝鋒鎗。

↑「1941～1942年的反擊,是在面臨大雪和嚴寒等諸多不利條件下進行的,我們軍隊在數量上也不占優勢。我們雖然有更多的軍團,但每一支在人數和裝備上都與德國陸軍的軍一級單位相當。」(朱可夫)

游擊隊的殘暴行為,導致德軍也採取了不加選擇的血腥報復。戰爭的殘酷性也增加了。

德國國防軍最高統帥部司令凱特爾這樣解釋德國在一九四一年的失敗:「在一九四一年夏天,蘇聯這個東方巨人似乎就是屈服於德國陸軍的強大進攻之下。蘇聯在前線首批,可能也是最好的一批部隊幾乎在秋天被全部殲滅……人們在思考世界上有哪支軍隊能夠抵抗這樣摧枯拉朽般的風暴,蘇聯廣袤的領

土,巨大的潛力和寒冷的冬天會成為它的救星嗎?」

紅軍在莫斯科的勝利仍舊沒有摧毀德軍的進攻力量。雖然德國陸軍遭到了重創,但仍可以在一九四二年發起新的進攻,目標將是史達林格勒。雖然紅軍一九四一年底拯救了莫斯科,但蘇聯要在東線取得勝利還為時尚早。在熬過了冬季反擊後,主動權又一次偏向德軍。希特勒的部隊雖然遇到了巨大的壓力,但他們挺了過來。

第十章
「堅守」

中央集團軍的部隊所在地點屬於大面積的前突部分，位置暴露，不易防守。軍團的指揮官們都希望撤退，但希特勒堅持進行盲目的抵抗，他認為超人的意志可以贏得勝利。

一九四一年至一年四二年的冬季對東線的德軍陸軍來說是段非常艱苦的日子。隨著氣溫的降低各種活動都停止了。毫不誇張地說，經過了六個月不停的作戰，大量的傷亡、惡劣的天氣以及拉長的補給線，德軍到一九四一年十一月底時已經接近崩潰。

一九四一年十二月五日，蘇聯集結五十萬軍隊發起了冬季進攻。在十二月八日，希特勒在離開柏林前，為應付蘇聯的進攻，向中央集團軍司令波克簽發了一條命令。考慮到惡劣的冬季氣候和因此而引起的補給困難，莫斯科附近的部隊不

得不放棄「所有的主要進攻行動，並轉為防守」，希特勒要求部隊不能撤退，除非建立起了堅固的防線作為休整據點。由於在封凍和森林地形上建立這樣的防線非常困難，暴露在外的部隊看不到任何希望。

實際上，希特勒的命令根本沒能阻止莫斯科附近德軍防線的潰敗。許多部隊在命令到達之前就已經後撤，他們的指揮官如果不犧牲士兵的生命根本無法阻止類似的撤退。無論如何，在簽署命令的幾天裡，希特勒被迫同意有限的戰術撤退，以阻止暴露的部隊被包圍和殲滅。德軍沙勒將軍（Schaal）一直

←颱風行動的失敗讓德軍陸軍的軍官和士兵士氣都很低落，他們認為對冬季作戰的準備不足是失敗的原因之一。（許多部隊的衣物如同圖中的兩位）

→1941年12月德軍的一門20公厘四管高射砲準備攻擊蘇聯空軍。這種高射砲每個砲管的射速是每分鐘六百發,有效射高1829公尺(6000英尺)。

↓對德軍的小分隊來說蘇聯的冬天簡直是一場災難。步槍和機關鎗都出現故障,因為他們使用的槍油不防凍。輕武器需要在屋內加熱後才能使用。

堅守加里寧的交通中心,為第3裝甲兵團主力的撤退贏得了時間。他記錄了德軍軍紀全面崩潰的情況:「越來越多的士兵自行向西離去,他們沒有武器,趕著一頭小牛,或者身後拉著一雪橇的馬鈴薯——向西前進著,沒有人指揮。在突襲中喪生的人也沒人掩埋」。「對於只知道勝利的部隊,由前進變為撤退,會是非常不愉快經歷,甚至喪

失勇氣。」沙勒還寫道:「後勤部隊充滿了混亂和恐懼的氣氛,這是因為他們過去已經習慣於不斷前進。」德軍的許多裝備被丟棄,火砲因為拉砲的馬匹已經凍餓而死,與燃料耗盡的戰車和卡車同被丟在路旁。

步兵部隊也非常艱難。施特勞斯的第9軍團,克魯格的第4軍團和施密特(Schmidt)的第2軍團,他們的戰線都拉得過長。以施密特的第2軍團為例,他們在蘇聯發起反擊的前夜,戰線長達二百八十八公里(一百八十英里)。這相當於一個一百人的連要負責三‧二公里(兩英里)的戰線。

蘇聯部隊十二月八日在葉勒茨鎮附近突破第45和第95步兵師的防線。二天後,這一缺口擴展到二五‧六公里(十六英里)寬,八十公里(五十英里)縱深,威脅到奧勒爾的鐵路樞紐。德陸軍最高司令部被迫從第2裝甲軍團抽調魏弗烈德‧馮‧歐芬(Wilfred von Oven)的第56師來填補這一缺口。

德國步兵回憶這一時期的戰鬥時,說:「無論何時我們在夜間進入村莊,我們首先要驅逐蘇聯人。當我們早上準備要離開時,他們的機槍已經在在我們身後響起。死去的人我們無法帶走,只能與馬的屍體一起放在路上。」第2軍團第45師十二月二四日到達了安全地帶,但其所有的車輛、半數的火砲和四百具屍體被留在了身後。

蘇聯向奧勒爾的突擊在更北面

給古德林的第2裝甲軍團造成了威脅。當德國第2軍團向後撤退時，古德林別無選擇只有跟著撤退，以免被包圍。十二月十四日與布勞希奇協商之後，古德林請示允許率領第2裝甲軍團退回奧勒爾北面奧卡河一線。因為這一陣地十月份的時候是古德林的前線，因此十分堅固。這符合希特勒命令的標準。在會上，古德林被賦予第2軍團和第2裝甲軍團的聯合指揮權，以便於協調行動。古德林成功勸說布勞希奇將兩支集團軍都退回到十月份的戰線上。

讓希特勒沮喪的是，古德林只是主張大範圍撤退的軍官之一。在北面，施特勞斯相信他的第9軍團無法再堅守加里寧。如果一旦

失守，德國第3裝甲兵團和第4裝甲兵團軍將面臨危險，除非它們也繼續撤退。因此，波克知會布勞希奇他的部隊將全部向更易防守的戰線撤退，代號「柯尼希堡（Konigsberg）防線」。這條線非常接近德軍十月份占領的陣地，從勒熱夫向南經奧勒爾到達庫斯克。這不僅可以緩解波克的關鍵補給困難，還可以讓中央集團軍在春季再次發起進攻。

希特勒一直主張意志力是所有人與人之間以及國與國之間衝突的最決定性因素，他堅持德國陸軍應該在這場危機中證明自己的意志，阻止「失敗主義的擴散」。因此，他沒有考慮波克與布勞希奇的意見，於一九四一年十二月十六日簽

↑儘管有野戰廚房，如圖所示，但是即使是很短的距離，食物在送到前線部隊手中時也變成了冰塊。另一方面，配給充足，足夠保證人員作戰的需要。

↑德國陸軍採取了各種措施保證蘇聯冬天的道路暢通。在山區，沙子可以增加道路的摩擦力。

署了一道新命令，禁止所有撤退行動，包括有限的撤退。

希特勒不能容忍任何反對的聲音。他表面上以健康為名撤了波克的職，任命克魯格為新的中央集團軍司令。希特勒相信他會堅持決不退步的政策，未理睬其下屬撤退以休整部隊的要求。十二月十九日，希特勒接受了布勞希奇的辭職。布勞希奇稱：「我無法再繼續下去。」並承擔了東線行動的所有責任。希特勒對德國陸軍最高司令部司令哈爾德說：「作戰指揮的這些事任何人都可以做。」

結束不確定

希特勒的不撤退命令到達前線後，部隊接到的各種混亂指令終於結束。在第4軍團，撤退的命令多次被簽署，撤消，恢復，再廢除。在某個地區，工兵們一天內在橋樑安裝、拆除爆破裝置多達三次。

至少現在部隊明白他們得堅守並戰鬥。實際上，有庇護所禦寒的士兵沒有人願意冒著刺骨的寒風和暴風雪，踏過冰凍的公路向後方撤退。一名德國士兵這樣形容壕溝裡的生活：「發臭的糞便，化膿的傷口，蘇聯香煙以及卡夏（Kascha）難聞的味道──一種蕎麥種植物。」但這至少比暴露在外強多了。

十二月十八日，古德林受命前往已經退出的地區防守。他決定親自向希特勒請求允許將部隊撤到十月份的戰線上。十二月二十日，他

乘飛機抵達在東普魯士的希特勒總部。在「狼窩」中，他看到了希特勒眼中「出現了冷酷和不友好的神情」。元首拒絕了這個請求。他告訴古德林他的士兵必須前進。這位裝甲部隊的指揮官回答說地面被凍住，無法用鏟子砸開，希特勒告訴他，用榴彈砲！

最終，希特勒抬出了他最高指揮官的職權，堅稱「他可以要求任何德軍士兵犧牲生命」。古德林接著指出，十月的戰線上可以提供更多的防寒保護，而且也容易防守：「我們凍傷造成的傷亡是蘇軍造成傷亡的兩倍。任何人看到醫院裡滿是凍傷的傷員都應該明白這意味著甚麼。」希特勒以典型的個人風格回答道：「你對他們過於同情。你

應該更加嚴酷一些。」

古德林之後沒多久就離開了東線。在車恩鎮（Chern）被蘇聯占領後，他和克魯格為了誰應該為陣地丟失負責而爭論不休。古德林威脅要辭職──第二天他被希特勒下令撤消了職務。克魯格向希特勒指責古德林缺乏紀律，希特勒被其說服。

雖然評論家事後認為這是非常不明智的，但當時希特勒感覺自己的選擇是對的。到十二月十九日，第3裝甲兵團和第4裝甲兵團軍都停止了撤退，在莫斯科至韋亞濟馬的公路上建立起了防線，位置大約在兩個城市的中間。

德國第9軍團面臨著困難。蘇聯十二月十六日奪回加里寧，隨後

↓安裝一個簡易陷阱。防禦時，天氣也幫了德軍的忙。聲音可以在雪地裡傳很遠，靠近的紅軍部隊在很遠，還無法目視的距離上就可以被發現。

↑左邊的士兵提著一個特勒地雷。1941年底到1942年初，這樣的地雷是為數不多的，可以擊毀T-34或KV-1戰車的武器之一。

讓施特勞斯相信自己目前的位置很好，可以留在原地。

但到了一九四一年底，第9軍團的防線支離破碎。部隊被孤立在外，蘇聯從兩側和後方發起進攻，士氣土崩瓦解。施特勞斯的下屬報告說：「士兵因疲勞而倒下。他們倒在雪地中，因力竭而死。他們幾乎想要自殺。年輕的士兵衝向軍官，向他們喊到：『為甚麼你不殺了我們？』」

一九四二年初，蘇軍正向尤赫諾夫（Yukhnov）和蘇希尼奇的補給倉庫推進。在北面，紅軍即將在史塔利察前線取得重大突破。如果這還不夠，在黑海岸邊另一支德國集團軍處於危險之中。

希特勒已經命令南方集團軍重

威脅向勒熱夫和韋亞濟馬突擊。希特勒堅持第9軍團在勒熱夫東北四十八公里（三十英里）的史塔利察（Starytsa）防守。但是施特勞斯想要退回十月份時的防線：穿過勒熱夫的伏爾加河以東。他的請求克魯格準備十二月二十一日批准，這

→德軍空軍對蘇聯的冬季準備不足。飛機通常需要在室外停放，這時引擎和機砲會被凍住。這就不得不臨時準備加熱設備，以使飛機能夠起飛。

新奪回主動權，並重新占領羅斯托夫和頓內次煤田。另外，南方集團軍還收到命令要占領蘇聯在黑海的重要海軍基地塞瓦斯托波耳，這也是蘇聯在克米裡亞半島占據的唯一地區。曼斯坦的第11軍團受命奪取防守嚴密的港口，同時還要保衛東面重要的克赤半島。曼斯坦，德陸軍最好的指揮官之一，指揮所轄七個師中的六個開始了進攻，僅留下第46步兵師的一萬人和部分羅馬尼亞旅防守克赤半島。

　　曼斯坦於十二月十七日突破的港口的外圍防禦。德國的主攻方向在塞瓦斯托波耳的北面，但是儘管有德國空軍的有力支援，進攻的速度非常緩慢。經過五天的苦戰後，曼斯坦在塞瓦斯托波耳的前鋒師，

第22步兵突破了第二道防禦線，並迫近第三道防線，甚至已經可以看到港口。但是之後蘇軍發起了反擊，在近岸戰艦和塞瓦斯托波耳大量岸砲的支援下，阻止了德軍的進攻。

　　十二月二十六日，曼斯坦瞭解到蘇軍正在從克赤半島上岸──紅軍在該地區發起了進攻。但是他不願放棄在塞瓦斯托波耳的進攻，命令港口北面的前線部隊加倍努力向前推進。第22師的第16步兵團突破了史達林要塞（Fort Stalin），但之後進攻再一次停頓。此時，曼斯坦別無辦法，只有向東增援。

　　第46步兵師由史波尼克（Sponeck）指揮，他是位普魯士伯爵，在荷蘭指揮空降部隊時獲

↑到1942年2月底，蘇聯的大規模反擊漸漸進入尾聲。德軍得以構建連續的防線和半永久式的工事，如圖。儘管紅軍的攻勢很大，但德軍因寒冷造成的傷亡更多。

得過騎士十字勳章（Knight's Cross of the Iron Cross）。開始時，史波尼克的任務因為蘇聯落後的戰術而非常簡單。蘇聯步兵涉水上岸時沒有攜帶火砲或車輛。他們在克赤港口的第一塊登陸場很快就被德軍封鎖。但是，十二月二十八日，五千名蘇軍在克赤半島最西端的黑海港口費奧多西亞港（Feodosia）登陸。史波尼克認為第46師將被包圍在半島上。因此，他命令立即向克里米亞半島撤退。曼斯坦失去了與史波尼克總部的無線電聯繫，儘管與其命令相背，撤退仍然執行了。

　　曼斯坦最終在克赤半島西面阻止了士氣渙散的第46師繼續撤退，並在塞瓦斯托波耳援軍的幫助下建立了防線。但這無法掩蓋事實，整個克赤半島成了蘇軍的跳板。蘇軍

現在掌握了主動權。一九四二年一月四日在塞瓦斯托波耳北面六十四公里（四十英里）的黑海港口葉夫帕托里雅（Yevpatoriya），蘇軍聯合兩棲部隊、空降部隊和部分城裡起義的游擊隊建立起了橋頭堡。然而，德軍的一個步兵團經過三天的苦戰後成功將蘇軍擊退。曼斯坦趁勝將蘇聯人趕出了費奧多西亞港。但是他的部隊已無法重新占領克赤半島。僵持已經形成，蘇軍仍然控制著克赤半島和塞瓦斯托波耳。

　　丟掉克赤半島讓希特勒很惱火。史波尼克私自下令撤退違反了希特勒絕不退讓的命令。他從前線被召回後，送上了由戈林（Hermann Göring）主持的特別軍事法庭。史波尼克被削去軍職，並判處死刑，之後應曼斯坦的要求減

↓冬季，德國陸軍的馬匹也遇到了很大的問題。高大的法國馬不耐寒，而其他的馬也因為缺少合適的冬季蹄鐵而倒在冰凍的公路上。

為七年徒刑。這給膽敢違抗希特勒的人傳遞了明確的信息。

諷刺的是，希特勒絕不後撤的命令阻止了德軍在莫斯科的全面潰敗。到一月底，中段的戰線穩定了下來，蘇聯的攻擊也把自己耗盡。不幸的是，希特勒防守所謂未來「堡壘地區」的決定耗費了數千名德軍士兵的生命，其實這一地區的戰略價值早就不存在了。

在北方集團軍，偵察機中地面部隊報告稱大批的紅軍正在東面集結。因此，一九四一年十二月德軍集中精力加強和鞏固防線。第2軍和第10軍部署在伊爾門湖和謝利格爾湖（Lake Seliger）之間，西鄰洛瓦特河的地區。「骷髏師」也有部分兵力部署於此，隱藏在瓦耳代丘陵（Valdai Hills）的天然防禦陣地中。

朱可夫於一九四二年一月七日和八日的夜裡向德軍北方集團軍發起進攻。「骷髏師」的友鄰部隊第30和第290步兵師受到蘇聯第11、第34軍團和第1突擊軍團的進攻。德軍的防線被擊潰，兩個師被殲滅。

由於紅軍切入了德軍防線，德國第16集團面臨被包圍的危險。「骷髏師」被分散部署到各個危險的陣地，其中偵察營被部署到史塔拉亞魯薩，奉命不惜一切防守。

到一九四二年一月十二日，李布元帥認識到此時最好的行動就是把第2和第10軍撤到洛瓦特河西岸，建立新的防線。如果不這樣做，第16軍團將會被殲滅。希特勒當然拒絕了這一請求，命令部隊堅守。李布提出辭職，希特勒很快批准了。第18軍團的前指揮官庫希勒（Kuchler）於一月十七日接替李布。

↑一門德軍75公厘 leIG18步兵火砲由人力推入陣地。每個步兵營都裝備了六門這種火砲，用來支援步兵進攻。對砲手的保護是必須的，因為這種火砲最大射程只有3550公尺（11650英尺），有效射程通常更短。

→紅軍在冬季作戰中也
損失了很多戰爭物資。
雪地裡的武器看上去應
是152公厘的1910型野
戰榴彈砲。大雪減少了
砲彈側面碎片的殺傷
力，只有重型火砲，
如德國的210公厘迫擊
砲，在大雪中仍然有
效。

↓1942年2月，在德米
揚斯克包圍圈裝備精良
的德軍巡邏隊前去解決
滲透的蘇軍。雖然數量
上與蘇軍差距很大，但
是包圍圈裡的德軍很幸
運。因為大雪，蘇軍的
重型裝備通常無法在前
線支援進攻。

在前線，德國的第2和第10軍被迫進入以德米揚斯克為中心的包圍圈。一月二十日，蘇聯突破了洛瓦特河。德軍被分割在河的兩岸。

在史塔拉亞魯薩，「骷髏師」和第18機械化師苦苦支撐，抵抗蘇聯猛烈的進攻。

在德米揚斯克以西四十公里

（二十五英里）處，蘇聯第11軍團和第1突擊軍團的部隊於二月八日在洛瓦特河會合，蘇聯對德國第2和第10軍的包圍圈緊緊合攏，德軍第12、第30、第32、第123和第290步兵師以及留下的「骷髏師」部分兵力被圍。蘇聯部署了十五個新組建的步兵師，裝備良好，並且有多種裝甲部隊和獨立的雪地營支援。在包圍圈內，德軍共有九萬五千人和二萬匹馬。由於補給的全面中斷，德國空軍司令戈林向希特勒保證可以從空中向包圍圈中的部隊運送補給。因此，希特勒禁止從德米揚斯克包圍圈中撤退。被圍的德軍接到命令堅守陣地，等到德軍洛瓦特河以西建立起新的戰線，並發起求援行動。

估計每天要運送二百噸（二百零三公噸）的補給到包圍圈中，包括武器、彈藥、食物和藥品。最初，戈林的飛機可以滿足每天的需求。但是，空降逐漸減少，最後空軍僅能滿足所需補給數量的一半。在補給線被切斷之前，至少「骷髏師」沒有受凍，充足的冬季衣物通過黨衛軍的管道被送了進去。

死亡之地——德米揚斯克

在包圍圈裡，蘇聯飛機向建築物扔下燃燒彈，使黨衛軍無處藏身。蘇軍擅於在齊腰深的雪地裡和冰點以下的天氣中作戰。二月底，在許多地方蘇軍都突破了德軍的防線。許多獨立的村莊被分割包圍，形成了多個小包圍圈。紅軍的火砲

↑1942年2月，德軍在「德米揚斯克堡壘」。在2月的後半月，紅軍每天都向包圍圈內進攻，骷髏師被紅軍分割成多個孤立的小分隊。

→一輛Panzer 38（t）
戰車向前線前進。到
1942年初，T-34戰車
已經建立起明顯的優
勢。第5裝甲師的戰車
手卡爾·洛普回憶說：
「T-34戰車擊毀我們
的戰車就像射兔子一
樣。」

不停地射向艾克的部隊，但德軍仍然頑強地堅守陣地。當德軍空軍運輸機在蘇聯防線後空降補給時，地面情況變得很混亂，黨衛軍甚至會受到己方的砲擊。

更多新加入的蘇軍對德軍陣地發起了瘋狂的進攻。戰鬥更加漫長和殘酷，雙方都不退半步。艾克直接向黨衛軍頭子希姆萊要求增援，他擔心自己殘餘的部隊能否生存下來。當希姆萊最終集合數百名兵員，準備直接空降到包圍圈裡時，空軍卻堅稱其運輸機沒有能力運送這些士兵。

→一輛Panzer 35（t）
輕型戰車。該戰車裝
備有37公厘火砲。第6
裝甲師在巴巴羅沙計畫
開始有一百五十五輛該
型戰車，到1941年底時
幾乎損失殆盡。曾有記
錄，德國的輕型戰車在
36.5公尺（120英尺）
的距離上擊中T-34戰
車，但毫髮無損。

隨著時間的推移，蘇聯的進攻成為德軍非常棘手的問題。由於春天即將來臨，冰凍的地面將變成泥濘的沼澤地。這會延緩德軍的行動，對蘇軍的影響卻不大。因此，在這之前必須竭盡全力擊碎德米揚斯克包圍圈。

當希姆萊插手，並直接向希特勒彙報後，「骷髏師」的情況終於引起了這位元首的注意。他同意希姆萊的增援部隊應儘快空投進去。考慮到氣候情況有所改善，德軍空軍同意向被圍困的德軍進行一次大規模的空投，運送急需的彈藥、食品和藥品。三月七日，增援的黨衛軍人員終於到達了德米揚斯克。

三月中旬，冰雪開始融化，蘇聯的進攻開始減弱。在德米揚斯克包圍圈的作戰中，蘇軍傷亡超過兩萬人，而「骷髏師」僅為七千人。

在包圍圈外，庫茨巴赫將軍（Walter von Seydlitz-Kurzbach）集結了一支救援部隊。德軍自一九四二年三月初就在洛瓦特河西岸集結：第5和第8輕裝師，以及第122、第127和第329步兵師。他們的任務是向東越過洛瓦特河，朝包圍圈方向推進，在時機成熟的時候，向西與艾克的戰鬥群同時發起進攻。解救行動的代號為「舷梯」。

在大量空軍的支援下，德軍的進攻於三月二十一日開始。最初的兩天進展很順利，但是之後因為蘇

↓1942年初，東線德軍士兵的常見場景：棉夾克和蘇聯式的皮帽。許多冬天的衣物都是從陣亡的蘇軍士兵身上扒下來的，這一來源很充足。另外，皮靴和氈靴也是從平民手中買的。

↑1941～1942年冬，成千上萬名德軍士兵在東線陣亡。儘管對冬季的準備不足，而且與熟悉地形的蘇軍作戰，普通的德國士兵仍然阻止了德軍的全面崩潰。

聯的頑強抵抗，進攻速度放慢。蘇軍的作戰異常勇猛，堅決要阻止德軍內外會合。直到德軍向東發起進攻後的兩周，庫茨巴赫才感覺有足夠信心命令艾克向西發動攻擊。這一拖延導致冰雪融化情況加劇，地面更加泥濘，艾克的部隊前進也更加困難。「骷髏師」對蘇軍發起的進攻非常堅決，經常出現肉搏的場面。但是由於蘇軍的抵抗頑強，加上惡劣條件的影響，德軍推進的速度只有約每天一·六公里（一英里）。

四月二十日，「骷髏師」戰車

殲擊營的一個連到達了洛瓦特河的東岸，第二天德軍戰鬥群的剩餘部隊也跟了上來。在進入德米揚斯克包圍圈的七十三天後，渡過洛瓦特河的橋頭堡終於得到有效控制。四月二十二日，庫茨巴赫派出了第一批部隊和補給。

這是來之不易的勝利，希特勒非常高興，他的黨衛軍證明如果部隊有堅強的意志就可以堅守下去。但是他沒有看到的是走出包圍圈的部隊在身體和精神上都受到了嚴重的打擊。「骷髏師」有一種精神力量，這需要重新建立起來。

第十一章
種族戰爭

隨著德軍之後到來的是特別行動隊（Einsatzgruppen），即黨衛軍的特別行動隊，他們的任務是消滅占領區中的猶太人、共產黨以及其他不可以出現在第三帝國中的人。

滅絕居住在蘇聯的猶太人及其他「說不出口的」民族是希特勒公開的目的。在入侵蘇聯後不久，他就說道：「這片俄羅斯荒漠，我們應該向這裡移民……我們要抹掉蘇聯亞洲西伯利亞平原的特性，我們要將它歐洲化……最重要的是，不能存有一絲憐憫！我們完全不受任何限制。拆除破舊的房屋，掃除跳蚤，提供德語教師，辦報紙，這些

都不是我們要做的！」希特勒相信保持種族血統純正和消滅布爾什維克主義的理想就要實現，他認為布爾什維克主義就是「社會犯罪」。實際上，在德占區的蘇聯人將要面對的是殘忍、苦力和屠殺。

早在二十世紀二〇年代，希特勒就著迷於犧牲蘇聯換取德國的生存空間。他在《我的奮鬥》一書中寫道：「如果我們今天在歐洲談到

↓在巴巴羅沙行動的初期，蘇聯的猶太人被迫為特別行動隊工作。他們身穿帶有大衛王星的衣服，在完成工作後就會被槍殺。

→1941年末，一位德國士兵吊死一名蘇聯平民。特別行動隊和德軍都參與了處決「猶太搶劫犯」或「猶太布爾什維克主義者」的行動，大部分是在全面搜捕階段。

新領土的開闢，我們首先想到的是俄羅斯及其周邊的國家……幾百年來俄羅斯的上流社會一直依賴日耳曼民族精英的幫助，現在這種情況已經幾乎完全消失，猶太人取而代之……俄羅斯人不是一個有組織的民族，他們像一盤散沙。這個東歐的龐大帝國就要崩潰了。猶太人統治的結束就是它的亡國之日。」近二十年後，希特勒終於可以推動他滅絕猶太人和布爾什維克主義者的種族戰爭。

種族戰爭的機構

　　這種特別的任務需要特別的隊伍。希特勒認為滅絕東線猶太人的任務不能由常規部隊來完成。因此黨衛軍全國領袖希姆萊奉命組建特殊部隊，跟隨德陸軍進入蘇聯執行「特殊任務」。這支部隊被稱為「特別行動隊」。

　　在入侵蘇聯期間，希特勒賦予希姆萊在東線占領區的特權。一九四〇年三月三日，希姆萊接到任務，「基於解決兩個敵對政治系統必要手段的特定任務。」一九四一年三月十三日特殊手段的命令把蘇聯的占領區分為多個「種族區」，每個區都由一位專員（Reichskommissar）管理。

　　德國中央保安局（SS Reich Main Security Office, RSHA）局長海德里希（Reinhard Heydrich）和希姆萊的副手很快就劃分出了陸軍與特別行動隊的責任區。希特勒下達了政治委員命令，可以將共產黨幹部，無論是否有軍職，都自動處以死刑，且凌駕於其他任何法律之上。這樣一來特別行動隊的任務就更加簡單了。蘇軍中的政委被俘後

會立即送到前線部隊或特別行動隊處死。特別行動隊接到的命令是：「被俘的政治幹部和政委不用送到後方。」

在巴巴羅沙的前夜，德國就有明文規定「出於特別行動隊擔負的任務結構和職責，他們可以採取侵擾平民的管理措施。」德國共組織了四支特別行動隊：A支隊被派駐拉脫維亞、立陶宛和愛沙尼亞，由黨衛軍總隊長（SS-Gruppenfuhrer）塔赫萊克（Franz Stahlecker）指揮；B支隊被派往波羅的海國家及烏克蘭，由黨衛軍總

←1941年在烏克蘭城市藍貝格被殺害的猶太人。一位黨衛軍軍士回憶稱：「他們會想甚麼？我相信每人個都帶著不會被槍斃的希望。我一點兒都不同情他們。」

隊長總隊長奈比（Arthur Nebe）指揮；C支隊被派往烏克蘭，B支隊的南面，由黨衛軍區隊長（SS-Oberfuhrer）拉什（Rasch）指揮；D支隊負責烏克蘭的其他地區，由黨衛軍總隊長奧倫多夫（Otto Ohlendorf）指揮。

保安隊（Sicherheitsdienst）——SS Security Service——黨衛軍和秩序警察部隊，或常設警察部隊是特別行動隊人員的主要來源，他們都配備了輕自動武器。每支特別行動隊的人數也不一樣，A支隊有九百九十人，而D支隊只有五百人。

犧牲人員目錄

德軍的暴行在巴巴羅沙計畫之初就開始了。例如在維爾巴利斯村

↓開始歸，德軍被視為解放者受到當地人歡迎，特別是在波羅的海國家和烏克蘭。但是，即使部隊是友善，但納粹的高層仍推動著奴役當地平民的計畫。

（Virbalis），猶太人被命令躺在地上，然後被射殺。孩子雖然沒有被射殺，但隨後被活埋了。特別行動隊很樂意執行他們的任務。海德里希訓誡他們說：「共產黨幹部和共產主義活動者、猶太人、吉普賽人、破壞分子和特務的存在會威脅到部隊的安全，因此必須毫不猶豫地處決。」實際上，處決的人員變成包含以下所有人：蘇聯的政委、共產黨、搶劫犯、吉普賽人、帶假證件的猶太人、人民內務委員會特工、叛國的德國人、「變態的猶太人」、「不必要的東西」、傳染病人、游擊隊成員、武裝反抗人員、幫助游擊隊的人、反抗者、煽動者、流浪者以及猶太人。

很快特別行動隊就殺了上萬

←德國部隊在烏克蘭受到了當地人的歡迎。德空軍司令戈林回憶稱：最好是將烏克蘭十五歲以上的男性都殺掉。

人。奧倫多夫保持著他的記錄。到一九四一至一九四二年的冬天，他的支隊殺害了九萬二千名猶太人。黨衛軍軍官發回報告中的措辭讓人看了直打冷顫。一九四一年七月十八日，黨衛軍副總指揮（SS-Obergruppenfuhrer），白俄羅斯秩序警察總指揮，黨衛軍和警察上將巴赫─澤勒維斯基（Erich von dem Bach-Zelewski），向柏林發回的報告稱：「昨天在斯洛尼姆，由警察團團部組織的掃蕩行動中，有一千一百五十三名猶太搶劫犯被擊斃。」八月七日，他又向黨衛軍副總指揮警察上將達呂格（Kurt Daluege）報告說：「在我管轄的地區，處決的總人數已經超過三萬。」對猶太人的殺戮變得更加容易，因為百分之九十蘇聯猶太人被集中到了蘇聯的城市中。特別行動隊的戰術就是緊跟前進的德軍，封鎖他們所經過的任何一個城鎮。

一旦德國陸軍控制了一座城鎮之後，特別行動隊的指揮官就會指揮進駐，用欺詐的方式開展自己的任務。猶太人經常被騙向德國人投降。在基輔，C支隊自豪地報告稱：「猶太人收到郵差通知主動報

↓希特勒特別擔心與當地人的接觸會讓斯拉夫女人有機會引誘年輕的德軍士兵，使他們墮落而忘記了國家社會主義的理想。

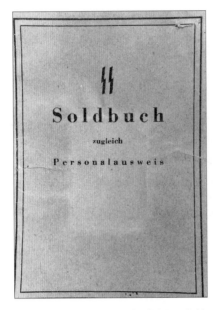

殺戮的名單無以計數：在卡曼特斯—波多里斯克鎮（Kamenets-Podolsk）附近四千二百名猶太人被殺；奧夫魯卡（Ovruch）附近一千二百五十五人；到一九四一年八月底，一萬二千三百六十一名在烏克蘭的猶太人被殺；在立陶宛，「每天抓獲的壞分子中，約五百名猶太人被處決」；歐基列夫（Ogilev）附近「共有一百三十五人被捕，其中大部分是猶太人。最後有一百二十七人被槍殺。」

這些劊子手們執行任務時常給他們帶來一種變態的快感。一位黨衛軍士兵回憶自己將嬰兒的頭砸向門和石壁時說：「只聽崩的一聲，就像摩托車爆胎一樣。」

但是，即使是最殘忍的狂熱分子也有極限，到一九四一到一九四二年的冬天，特別行動隊的首腦們

名以便安置。雖然最初我們只會接到五千至六千猶太人的報告，但共統計出三萬名猶太人。經過非常高效地組織，他們相信了重新安置的說法，直到被處決的那一刻。」

都感覺到了大屠殺帶來的影響。奈比患了精神失常。在醫院裡，他激動地對醫生說：「天哪！我受夠了。你知道在蘇聯發生了甚麼嗎？全體猶太人都在被屠殺。」奈比曾請求希姆萊停止屠殺，但得到的答覆是：「這是元首的命令。猶太人布爾什維克主義的散佈者……如果你不能處理好猶太人的事務，你會看到自己的下場。」

下屬中道德的爆發引起了希姆萊的警覺，他親自前往明斯克鼓勵他們。他參加了一次對二百名猶太人的槍決，這給他的震撼很大，他

←黨衛軍警衛旗隊師師長狄特里希，原是希特勒的貼身護衛。希特勒對他的評價是「狡猾、殘忍且充滿活力」。大部分黨衛軍成員也是這樣評價他。

↑納粹的醫生和黨衛軍全國領袖希姆萊迷上的骨骼結構和遺傳畸形在人種之間的差異。任何「合適」的實驗人體，如圖中與警察照相的侏儒，都會被送去集中營以供實驗。

對奈比說必須要找出更有效的處決方式。奈比對此表示同意，因為對那些不得不執行處決的人來說，心理壓力太大了。他開始試驗殺人的方法，有一次利用他汽車廢氣殺死了八十名精神病院裡的病人。他對這項任務十分熱情，無法自拔。他還是位業餘電影製作愛好者，把簡陋的毒氣室都記錄在了膠卷上。

另一個類似的人是黨衛軍區隊長沃斯（Christian Wirth）。他是前斯圖加特（Stuttgart）警官，滅絕行動的試驗專家。沃斯最終被派去波蘭，隸屬於波蘭黨衛軍猶太滅

絕計畫領導人歐迪洛·格羅柏克尼克（Odilo Globocnik）指揮。沃斯的任務是找出滅絕一百萬波蘭猶太人的有效方法。他選擇了盧布林（Lublin）至盧佛（Lwow）鐵路沿線的一片地區作為他的第一個試驗營地，之後又領導組建了四個試驗營組成的營區。

沃斯集中精力在營區的中央建設了擁有三個「沐浴室」的固定屠殺機構。一旦進入裡面，受害人將被柴油機的廢氣殺死。房間的前後牆上都有很寬大的門，可以方便的將大量屍體拖走。用這種方法，這

個營區每天可以殺害一千五百名猶太人。當他們進入毒氣室時，他們可以看到猶太教堂布幔做成的標語，上面用希伯萊語寫道：「這是上帝之門，只有正直的人可以進入。」

一位黨衛軍軍官記錄了在貝烏熱茨（Belzec）集中營大批猶太人被毒死後沃斯的行為：「在所有的軍官中，沃斯很興奮，他樂在其中。一些工人在檢查屍體的生殖器和臀部，搜索可能被藏匿的黃金、鑽石等貴重物品。沃斯對我說：『掂量一下這顆金牙，這是前天發現的。』」

一九四一年底，巴巴羅沙計畫最終停頓下來，特別行動隊的工作也不得不停止。他們接管現存的後備部隊，或組織自己的部隊，成員包括德國人，親德國的人以及被打散的蘇聯民兵中的可靠成員。可悲的是，德國人報告稱他們發現在德占區內許多當地的民眾要求參加特別行動隊，並形成了反猶太人的潮流。這些人通常不很可靠，無組織無紀律，裝備和訓練都不到位，但他們卻可以參與抓捕和殺害猶太人。在烏克蘭切爾森（Cherson），一支由烏克蘭人組成的安全部隊負責保護和商店不受強盜破壞。他們的任務還包括「維護治安」，圍捕猶太人的委婉說法。

到一九四一年底，各個特別行動隊向希姆萊報告了屠殺猶太人的數字：A支隊二十四萬九千四百二十人；B支隊四萬五千四百六十七人；C支隊九萬五千人；D支隊九萬二千人。總數接近五十萬，特別行動隊緊跟侵蘇德軍身後進行活動

↓希姆萊認為吉普賽人（如圖中的婦女）會對優秀的日耳曼民族造成損害。因此在巴巴羅沙行動中，德國的警察奉命圍捕吉普賽人。許多人與猶太人一道被槍殺。後來，吉普賽人被送去奧許維茲，圈在一個獨立的地方直到被處死。

↑後備隊正在自己挖墳墓，這並不常見。通常他們都是讓受害者挖一個坑，然後將其排成一列槍殺。圖中的情況估計是受害人太虛弱，無法挖開冰凍的土地。

的這一階段，被稱為特別行動隊的「野蠻時期」。

黨衛軍在蘇聯境內活動的第二階段更有組織性，但卻同樣的殘忍。羅森堡（Alfred Rosenberg）被任命為東線占領區的事務部長，負責兩處的帝國委員會（Reich Commissariats）——奧斯蘭（Ostland）和烏克蘭。奧斯蘭由愛沙尼亞、拉脫維亞、立陶宛和白俄羅斯組成，當中包括大部分的烏克蘭。為了執行自己的命令，希姆萊在占領區任命了一批黨衛軍和警察部隊高級指揮（Senior SS and Police, HSSPF）：黨衛軍總隊長魯茨曼（Hans Prutzmann）被任命到北部的里加；黨衛軍總隊長巴赫－澤勒維斯基中部的

明斯克；黨衛軍副總指揮傑克林（Freidrich Jeckeln）南部的基輔。一九四二年，黨衛軍旅隊長（SS-Brigadefuhrer）柯瑟曼（Korsemann）被任命為高加索地區的黨衛軍和警察部隊高級指揮。一九四一年十一月六日，在希姆萊的命令中，所有後備部隊都編為後備警察部隊。這些部隊由秩序警察指揮官和黨衛軍及警察部隊高級指揮管理。

德國系統地改造現有的警察和準軍事組織，讓它們適合自己的需要。例如，立陶宛科夫諾（Kovno）內外的反蘇游擊隊都在一九四一年六月二十八日被解散了，其中的「可靠分子」被改編成了五支後備連。科夫諾的集中營

主尤其中的一支守衛，其餘的四支擔負了警察的任務。在維爾納（Wilna），立陶宛的政治警察一九四一年七月被解散，大約有一百五十人被收進了特別行動隊。在白俄羅斯，德國組建了一支由波蘭和白俄羅斯刑事警官組成的後備警察部隊。所有這些部隊都在幫助圍捕和處決猶太人。

野獸般的異類

無論如何，特別行動隊犯下了在蘇聯境內的大部分殺戮罪行。如歷史學家海因茨・霍納（Heinz Höhne）所寫：「由於完全沉醉暴行和對元首的效忠，這些集中營的看守達到了一種毫無情感的程度，只有沒有靈魂的機器人可以超越。這裡你可看到人類中最最殘忍的類型，他們醉心於自己的所作所為，被希姆萊提拔為黨衛軍的榜樣；這確實是「骷髏頭的秩序。」它與人類共同的道德規範和道德標準完全對立，只要是主人下達的任務就要去完成。也受到宣稱掌握決定黨衛軍成員社會和倫理標準的獨占權利的社群綁架……另外，要求他們所做的事情都發生在蘇聯，遠離他們所生活的日常環境，所有的殺戮行為就像一場夢……就好像完全沒有真實地發生過。」

隨著殺戮在所有德占區蔓延開來，許多德軍的指揮官對所發生的一切視而不見，或堅稱對黨衛軍犯下的罪行一無所知。畢竟如他們所說，陸軍責任區與黨衛軍責任區的界線在巴巴羅沙計畫開始之初就已

劃定，而且希姆萊絕不允許別人觸犯他的勢力範圍。因此，德軍人員可以遠離那些對平民犯下的暴行。

但是，有清楚的證據表明不僅陸軍指揮官知道發生了甚麼，而且他們還積極參與了納粹的種族政策。南方集團軍第6軍團司令賴赫勞為了回應指責其部隊「軟弱」的

↓一位猶太人，希姆萊將其描寫成「德國人永遠的敵人，必須被處死……所有猶太人都要處死。」

→特別行動隊支隊長奧倫多夫回憶說：「我丟棄了我的道德感，因為我是一名士兵……我從不單獨開槍，而是要求幾個人同時開槍，以免直接有個人承擔責任。」

報告，在文件中以極其強烈的語氣向其部隊灌輸，他們的任務就是要消滅共產主義和蘇聯的猶太人。賴赫勞被認為是德國陸軍將領中最強硬的納粹分子。就在他向部隊下達了這份文件的幾個月後，他就死於中風。其他在蘇聯的德軍將領也用這份文件指導部隊。這份文件簽署於一九四一年十月十日，標題為「東線部隊行為準則」。

「審視部隊對布爾什維克主義系統的行動，許多事件中還普遍存在含糊的地方。對猶太人—布爾什維克主義系統發起戰爭的最基本目的是完全摧毀他們的實力，消除歐洲文化中的亞洲影響。就這一點而

論，德軍所面對的任務就超出了普通的士兵。東線的士兵們不僅是戰爭中的戰士，還是德國冷酷的國家意識形態的傳播者以及德國等日耳曼國家所受暴行的復仇者。因此，士兵們必須深刻地理解對猶太人嚴厲報復的必要性。陸軍還有另一個目標，就是要消滅腹地的反抗行為，這些行為歷史上都是由猶太人引起的。」

「敵人在前線後方的戰鬥仍然沒有引起足夠的重視。搖擺不定且殘暴，游擊隊和墮落的女人不斷成為戰俘，制服不齊的或根本沒有制服的游擊隊員以及流浪漢仍被看作是正式的士兵，並送去戰俘營。實際上，被捕的俄羅斯軍官甚至取笑在公路上公開走動的蘇聯特務，還經常在德國的野戰廚房吃飯。部隊

的這種態度只能用毫無理想來解釋，所以指揮官必需要解釋鎮壓反抗的意義。」

「對於不為軍隊服務的當地人和戰俘，給他們食物是對人道主義行動的誤解。香煙、麵包等這些東西是國內的人們辛苦節省下來，而且是指揮部在極其困難的情況下運送到前線的，不能送給敵人，即使是士兵們繳獲的戰利品也不能給。這是我們在補給方面的重要規定。」

「當撤退時，蘇聯人時常把建築物燒毀。部隊應該只有在必須要保留建築作為兵舍時才會有興趣去滅火，否則就要摧毀這些前布爾什維克的象徵物，即使是建築也一樣。這是德國毀滅政策的一部分。不論它們在東線是不是有重要的歷

↓波羅的海國家民眾受到的待遇，許多人被納粹認為有日耳曼人的特徵，因此對他們比對那些「劣等人」要仁慈得多。數千名愛沙尼亞和拉脫維亞人在戰爭期間加入了黨衛軍。

↑一支警察隊全在德占區活動。數萬名當地人被德國徵召，以執行納粹的政策。他們通常是從社會最低層徵召上來，在軍事毫無概念。但殺戮和獸行他們卻得心應手。

史或藝術價值。德軍指揮部簽署了必要的命令，要求保護對戰爭和經濟必不可少的稀有物資和工廠。出於保護重要的通信線路，作戰部隊後方的平民必須完全解除武裝。在有條件的地方，繳獲的武器和彈藥應該儲存起來並有人保護。如果因作戰形勢而沒有條件保存，武器和彈藥應被銷毀。

「如果在部隊後方發現使用武器的孤立游擊隊，必須採取嚴厲的措施。這些措施將被擴大到干擾和

洩露德軍進攻行動的部分男性平民。許多明顯有反蘇傾向的觀望分子必須要明確證明是否實際通敵。如果不這樣做，就會被判為親蘇分子。對德國鎮壓措施的恐懼必須要超越四處遊走的布爾什維克殘餘分子所造成的威脅。在不涉及所有未來政治考慮的情況下，德國士兵必需要完成兩個任務：

（一）徹底消除虛偽的蘇聯布爾什維克理論及蘇軍。

（二）無情的消滅外國的叛徒

←猶太人被圍捕起來送到猶太區。猶太區是1939～1940年由納粹建立起來的，所有區很快就人滿為患。到1942年，華沙的猶太區住進了五十萬人。物資極其缺乏，平均每個月都有五千人死亡。

和破壞者，這樣才能保護在蘇聯德軍的生命安全。

「這是完成我們歷史使命，解放德國人民，免受亞洲和猶太影響的唯一方法。

簽名　賴赫勞」

這樣，德軍在東線積極地參與了納粹的意識形態傳播。德國沒有與游擊隊作戰的指導路線，因此與這種捉摸不定的敵人作戰多次失利，而且游擊隊經常對孤立的德軍巡邏隊施以暴行。在這種情況下，

←凶手正在休息。到1942年春天，估計被特別行動隊殺死的猶太人有一百四十萬之多。

Gustav der Eiserne spricht:
„Je mehr Dienst
desto grösser die Ehre ist."

↑最前方的人是德國警
察，兩邊是徵召來協助
特別行動隊的蘇聯後備
隊成員。他們一旦被紅
軍抓住就會立即處死。

報復變得更加普遍和毫無限制。游擊戰超出了本章節的範圍，但是足以說明一種觀點，對於不可信任又素質低下的蘇聯農民，只有用殘酷的行動也是有效的。希特勒本人就鼓勵「在軍事行動中遇到任何有邪惡傾向的平民，應採取無限制的行動措施。」

納粹的種族政策給烏克蘭帶來了災難性的後果。雖然許多城鎮和村莊還把德國人視為解放者（估計在史達林二十世紀三十年代的集體化政策時期，有七百萬烏克蘭人死於飢餓一對蘇聯共產主義的恐懼讓許多烏克蘭人認為在德國這種先進國家的統治下生活會更好。），但他們看到的卻是德軍占領後的殘酷

統治。對於烏克蘭的劣等居民，希特勒的計畫是讓他們「消失」。可以留下一部分作為奴隸，為德國統治者服務。因此，德國放棄了四千萬可以幫助反蘇的烏克蘭人。

歷史學家斯登（George Stein）這樣總結德國的對蘇戰爭：「當敵人被看作是令人討厭的邪惡動物、劣等人時，戰爭的結果一定是超乎尋常的慘烈，因為士兵可以完全不用對自己的可怕行徑而感到罪惡和自責……滅絕人性的行為所帶來的可怕影響顯而易見。槍殺俘虜，殺害平民，摧毀平靜的村莊。」這些都是希特勒為阻止「亞洲布爾什維克主義」破壞西文文明而採取種族政策的後果。

第十二章

揭露

莫斯科的失利之後，希特勒對軍隊的高層指揮官更加厭惡和不信任。他被陸軍最高指揮部中的失敗主義所激怒。一場清洗運動將要開始。

一九四一年十二月，德軍陸軍在莫斯科附近的失利導致了希特勒與陸軍高層軍官之間的怨恨與爭吵。

希特勒自一九三八起就在軍隊中建立起了個人威信，當時他利用納粹黨製造的醜聞解除了勃洛姆堡（Werner von Blemberg）元帥的國防部長職務，還指使黨衛軍製造性醜聞，使德軍總參謀長弗立契

←在俄羅斯，德國為巴巴羅沙行動中死亡戰士建立的墓地矗立著勳章，上面寫道：「人的價值展現在他為祖國付出了多少，這裡的人獻出了他們的生命。」

（Werner Freiherr von Fritsch）受到了審判。隨後，希特勒任命自己為戰爭部長，提名親信布勞希奇為總參謀長。一九三九年，三軍部長被統一到一個行政機構中，即國防軍最高統帥部，最高領導是希特勒本人，之後是其兩位親信：凱特爾和約德爾。

被閹割的陸軍？

德國陸軍最高指揮部不能直接影響戰爭的最高方向，必須通過希特勒的親信布勞希奇。陸軍參謀長哈爾德幾乎就相當於一名參謀。

儘管納粹努力削弱陸軍，但它仍然在巴巴羅沙行動之前及行動之間名聲鵲起。畢竟，德軍空軍在不列顛戰役中失敗，德國海軍（Kriegsmarine）也表現平平，只有陸軍立於不敗之地。實際上，納粹德國本身也依賴德國陸軍的訓練、紀律和勇氣。

在巴巴羅沙期間，德國高層指揮官開始對如何更好地進行戰爭提出了自己的觀點，這並不完全符合希特勒的觀點，他認為軍隊應完全服從納粹德國的領導。例如，李布元帥在接到命令，要求他率裝甲部

↓1942年初非常熟悉的畫面。德國的增援部隊開進東線戰場，為的是發起再一次的全面進攻，擊敗蘇聯。

隊和空軍援助中央集團軍行動之後的三天，下令對列寧格勒發起進攻。他沒有理會希特勒命令的最後一段：「任何行動都要服從大局，即中央集團軍的進攻。」第2裝甲兵團指揮官古德林在行動期間更加的不守命令。

在其上級波克元帥的默許下，古德林一直帶領他的戰車在葉利尼亞與蘇軍作戰，根本不理會要求他重新集結裝甲師向南進攻基輔的命令。這造成了許多毫無意義的勝利，不僅消耗了戰車乘員，還浪費了一九四一年八月初適合作戰的乾燥天氣。

倫德斯特一直對東線的戰爭沒有熱情，他認為一九四一年九月應停止進攻，在第聶伯河建立「冬季防線」。

裝甲兵VS步兵

在較低一些的級別上，裝甲部隊與步兵指揮官之間也存在分歧。

←德國陸軍最高指揮部司令，布勞希奇，成了巴巴羅沙行動失敗的，被迫辭職。

裝甲指揮官，如古德林、曼斯坦、霍斯和克萊斯特，趨向於大規模的包圍和深入穿插。但步兵部隊指揮官的觀點卻與之大相逕庭，因為他們的機動速度較慢。這些步兵不得不殲滅裝甲部隊形成的巨大包圍

Der 10000s.
im
OSTFELDZU

←1942年2月，一個德國砲兵分隊打出標語慶祝他們在東線射出的第一萬發砲彈。但勝利還遙遙無期。

→哈爾德，布勞希奇的繼任者。因在東線執行戰略的問題於1942年被希特勒解職。

↓倫德斯特，南方集團軍的司令，在戰爭期間三次被希特勒解職又復職。

圈，這通常會帶來大量的傷亡，而戰車部隊卻只顧「自己享受」。

隨著巴巴羅沙行動的進行，許多高層指揮官開始越來越不滿希特勒的領導。他們甚至開始公開討論希特勒的繼任者（哈爾德的確私下參與了一九三八年暗殺希特勒的計畫）。

同羅馬皇帝卡利古拉（Caligula）一樣，希特勒猜疑心十分強，特別是在巴巴羅沙行動轉向被動，其命令得不到貫徹之後。因此，在一九四一年底，他認為德國陸軍最高指揮部在言行和思想上已經不再忠於他，不僅不作為，還互相爭執戰略和戰術上的問題，悍然無視國防軍最高統帥部的命令。這個機構急需改革。

一九四一年十二月的「災難」給了希特勒一個機會。在莫斯科附近的前線，士兵們筋疲力盡，而且還沒有可以抵禦嚴寒的衣物。更嚴重的是，他們還要面對從西伯利亞趕來的蘇聯精銳部隊的進攻。

在這樣的環境下，高層的德軍指揮官根據所受過的訓練認為，如果穿插不能形成包圍，兩翼的部隊就必須撤退以免被反包圍。不幸的是，在東線由於惡劣的天氣和紅軍的高速機動，使得德軍撤退的速度跟不上蘇軍。在朱可夫反擊的三天

←古德林（右），優秀
的裝甲指揮官，1941年
12月，因違背希特勒
「絕不退讓」的命令，
私自撤退而被解職。

裡，中央集團軍就被分割，形勢危
急。

　　此時，陸軍最高指揮部幾乎癱
瘓：布勞希奇得了嚴重的疾病；波
克有胃痙攣，每天只能有三到四個
小時不臥床；赫普納得了痢疾。希
特勒認為時機到了。他開始越過哈
爾德直接與軍團和軍級指揮官聯
絡。十二月七日布勞希奇以健康原
因辭職。希特勒稱：「如果他再在
位子上待幾個星期，結果會是一場
大災難。」他告訴宣傳部長戈培
爾（Josef Göbbels），布勞希奇是
「一個愚蠢而膽小的可憐蟲。」在
接下來的三周裡，至少有三十五名
軍團級、軍級或師級指揮官與布勞

希奇一道被解職或審判，其中包括
非常有名的古德林、赫普納以及史
波尼克。史波尼克因為率兵撤退被
判處死刑，後改為七年監禁。

　　這樣，希特勒迫使陸軍高層不
再後退，並在戰線上建立起了堅固
的防禦陣地。

　　哈爾德被任命為陸軍總參謀
長，但他對此毫無幻想。希特勒告
訴他：「陸軍部參謀長的任務就是
用國家社會主義的方式訓練部隊。
據我所知還沒有一位將軍可以做
到，我希望你可以。」

　　諷刺的是許多軍官相信希特勒
對德軍的清洗和堅守政策拯救了德
國陸軍。克魯格元帥的參謀長寫

道：「希特勒要求部隊必須在任何最不可能的環境下堅守陣地的命令毫無疑問是正確的。希特勒認識到在冰天雪地裡撤退必然會在幾天內造成戰線的崩潰，如果這樣，德軍將會遭遇與拿破崙大軍相同的命運。

　　不幸的是，雖然希特勒的決定在一九四一年底可能是正確的，但是其決不退讓的政策卻讓德國陸軍在後幾年付出沉重代價。另外，一九四一年至一九四二年的冬季黨衛的聲望和實力都在增強。希特勒在德米揚斯克包圍戰之中就看到了「骷髏師」等部隊的表現，他們嚴格執行命令，包圍了大量的紅軍。

如果黨衛軍擴大成軍，甚至集團軍，會有甚麼樣的戰果呢？

　　一九四二年黨衛軍師的數量開始大量增加，因此新的師被重組為軍，之後又組成黨衛軍軍團，下屬有正規部隊。

　　黨衛軍的軍官通常比德國國防軍的軍官升遷快，而且經常被賦予關鍵的崗位。但是黨衛軍的訓練標準和經驗都遠不如軍隊，這造成了大量的傷亡。

　　黨衛軍還占用了大量的優質硬體，特別是一九四三年才走下生產線的新型虎式和豹式戰車。這就使得德陸軍裝甲師的戰車得不到補充，於是黨衛軍和德國陸軍之間出

↑因為要在蘇聯長期作戰，德國士兵採取了各種方法以適應當地的地形和天氣。圖中的士兵戴著防蚊罩－在沼澤中防止瘧疾的必須裝備。

→1942年曼斯坦升為元帥，但是1944年因為戰術撤退而被希特勒解職。

↓巴巴羅沙行動中德國陸軍損失了七萬五千輛摩托車。在損失得不到補充的情況下，一些部隊不得不使用一些特殊方式來運送補給。

現了對立。

　　一九四一年十二月德國陸軍不僅被蘇聯擊敗，還在政治上遭到迫害。至此，德國陸軍完全處於希特勒的政治統治之下，只有當戰爭繼續發展，世界潮流變得反對納粹德國時，才有可能重新奪回權利。在清洗了這些將領之後，希特勒成為一位超級專權的軍閥。即使是這樣，他仍然懷疑德國國防軍中的高層將領。在第一次世界大戰期間，他曾經在軍中服役，從此以後，他相信是這些將軍們背叛了不可戰勝的德國陸軍。他下定決心不允許這種事再次發生。

國家圖書館出版品預行編目資料

巴巴羅沙行動：一九四一年德軍入侵蘇聯／克里斯
多福·艾爾斯比（Christopher Ailsby）著；陳涵
譯．--第一版．--臺北市：風格司藝術創作坊，
2008.09
　　面；　公分．--（軍事連線；6）
　　譯自：*Images of Barbarossa : the German invasion of Russia, 1941*
　　ISBN 978-986-84311-8-8（平裝）

　1. 第二次世界大戰 2. 戰役 3. 俄國史

712. 843　　　　　　　　　　　　　　　97016824

軍事連線 06

巴巴羅沙行動：一九四一年德軍入侵蘇聯

作　　者 ： 克里斯多福·艾爾斯比（Christopher Ailsby）
譯　　者 ： 陳　涵
責任編輯 ： 苗　龍
發 行 人 ： 謝俊龍
出　　版 ： 風格司藝術創作坊
發　　行 ： 軍事連線雜誌
　　　　　　Tel：(02)2363-7938　　Fax：(02)2367-5949
　　　　　　http://www.clio.com.tw
讀者服務信箱：mlm@clio.com.tw
讀者服務 Skype：mlmonline
msn：mlmonline@clio.com.tw
總 經 銷 ： 紅螞蟻圖書有限公司
　　　　　　Tel：(02)2795-3656　　Fax：(02)2795-4100
　　　　　　地址：台北市內湖區舊宗路二段 121 巷 28.32 號 4 樓
　　　　　　http://www.e-redant.com
　　　　　　E-mail:red0511@ms51.hinet.net
出版日期 ： 2009 年 01 月　第一版第一刷
訂　　價 ： 380 元